마이
캠핑 레시피

캠핑퍼스트 106만 캠퍼가 알려주는 최고의 캠핑요리 100

마이 캠핑 레시피

캠핑퍼스트 지음

꿈의지도

CONTENTS

PART 1 캠핑요리의 이해

캠핑과 요리 • 014
캠핑요리 도구 • 018
5대 캠핑요리 도구 • 020
바비큐 재료 • 026
캠핑요리의 열원 • 032
직화 vs 훈제 • 036
럽과 마리네이드 • 038
한박사표 드라이 럽 • 040
캠핑요리 사전준비 ABC • 042
캠핑요리 십계명 • 044

PART 2 직화

PREVIEW 불 피우기 • 050
샤슬릭 • 052
LA갈비구이 • 054
등심 스테이크 • 056
새우 버터구이 • 058
조개구이 • 060
닭구이 • 062
고추장불고기 • 063
주꾸미 꼬치 • 064
자반고등어 • 065

PART 3 훈제

통삼겹살 훈제 • 068
비어 치킨 • 072
전복 훈제 • 074
연어 훈제 • 076
데리야키 치킨 훈제 • 078
샤슬릭 훈제 • 080
닭날개 훈제 • 084
닭다리 훈제 • 086
닭봉 훈제 • 088
쌈장목살 훈제 • 090
돼지 등갈비 훈제 • 092
오리 훈제 • 093

PART 4 더치오븐

PREVIEW 더치오븐 • 096
로스트 치킨 • 099
삼겹살 수육 • 102
감자 파르시르 • 104
돼지갈비찜 • 106
녹두삼계탕 • 108
안동찜닭 • 110
닭도리탕 • 112
프라이드치킨 • 114
치킨 가라아게 • 116
김치찜 • 118
올리브 오일 채소찜 • 120
베이글과 계란 프라이 • 122
모카포트 커피 즐기기 • 124
비프 스튜 • 126
독일식 소시지 감자 • 128
찹스테이크 • 130
소고기 감자조림 • 132
순대 • 134
웨지감자 • 135

PART 5 철판&그리들

양곱창구이 • 138
이베리코 목살구이 • 140
돼지고기 생강구이 • 142
사과고추장 목살구이 • 144
오삼불고기 • 146
순대곱창볶음 • 148
춘천닭갈비 • 150
연어 스테이크 • 152
김치전 • 154
소시지 야채볶음 • 156
고기 야채볶음 • 158
오코노미야키 • 160
베이컨 야채말이 • 162
모듬전 • 164
해물파전 • 165

PART 6 밥&국

PREVIEW 밥짓기 • 168
단호박 영양밥 • 172
영양밥 • 174
굴무밥 • 176
홍합밥 • 178
주꾸미 카레 • 180
도토리묵밥 • 182
김치밥 • 184
콩나물밥 • 185
백합 조개탕 • 186
어묵탕 • 188
수제비 동태탕 • 190
굴국 • 192
감자국 • 193

PART 7 면

봉골레 스파게티 • 196
토마토 스파게티 • 198
크림 스파게티 • 200
갈쌈국수 • 202
검은콩국수 • 204
냉라면 • 206
해물칼국수 • 208
닭칼국수 • 210
조개 수제비 • 212
야끼우동 • 214
쯔유 냉소면 • 216
메밀생면 • 217
콩나물 라면 • 218
누룽지 라면 • 219
순두부 라면 • 220
라면 골뱅이무침 • 221

PART 8 간식

라볶이 • 224
비엔나 미니 핫도그 • 226
햄초밥 • 228
후리가케 주먹밥 • 230
삼각김밥 • 232
퀘사디아 • 234
콘치즈 • 236
퐁닭치즈 • 238
부리또 • 240
또띠아 토마토 피자 • 242
다코야키 • 244
버터 와플 • 246
옥수수구이 • 248
가래떡구이 • 249
베이컨 떡말이 • 250
토스트 • 251

PART
1

캠핑요리의 이해

캠핑과 요리

캠핑장에서 요리는 교감을 의미한다. 무엇을 해먹어도 캠핑장에서는 맛있다. 설령 재료가 조금 부족해도 입에 착착 달라붙는다. 이유는 그곳이 캠핑장이기 때문. 답답한 도심과 틀에 박힌 집안에서 벗어난 해방감에 사방이 탁 트인 자연이 주는 야생의 느낌이 어울려 캠핑요리만의 맛과 낭만을 만들어낸다. 여기에 '주방은 여성 몫'이란 고정관념을 깨고 남자가 당당히 요리의 중심이 되는 캠핑장의 정서도 한 몫을 한다. 캠핑장에서는 앞치마를 두르고 요리에 나서는 남자들이 아주 자연스러워 보인다. 캠핑요리의 특별함은 집에서 사용할 수 없는 특별한 조리도구를 사용한다는 데 있다. 특히, 숯을 열원으로 이용하는 요리는 정원이 있는 집에 살지 않고서는 꿈도 꾸지 못한다. 하지만 캠핑장에서는 숯은 물론, 장작을 이용해 모닥불을 피우고, 그 불로 요리하는 것도 가능하다. '고기는 불맛'이라는 말이 있듯이 숯불을 열원으로 이용해 조리하면 고기맛이 특별하다. 그것도 남이 해주는 게 아닌, 자신이 직접 숯불을

만들고 조리하면서 얻는 야외 바비큐만의 쾌감이 있다. 이 쾌감은 여성보다 야생성이 강한 남성이 더 많이 느낀다. 캠핑장에서 바비큐 요리를 하는 이들의 대부분이 남자인 것도 이 때문이다.

캠핑요리는 끝없는 진화를 거듭하고 있다. 초창기 캠핑장의 바비큐는 십중팔구 삼겹살이었다. 석쇠에 지글지글 삼겹살을 구워 먹는 캠퍼들이 태반이었다. 지금도 캠핑을 처음 시작하는 이들은 바비큐 하면 의레껏 삼겹살부터 떠올린다. 하지만 캠핑 연차가 쌓인 캠퍼들은 다르다. 슬슬 직화구이에서 간접구이로 눈을 돌린다. 돼지고기에서 담백한 해산물까지 다양한 음식재료를 섭렵한다. 더치오븐이나 그릴처럼 아주 특화된 요리도구를 사용하기도 한다. 무엇보다 초보처럼 요란을 떨지 않으면서도 맛난 요리를 척척 해낸다. 보통 조리시간이 1시간은 기본인 훈제요리를 하면서 커피를 마시거나 대화를 나누면서 느긋하게 캠핑의 낭만을 즐긴다.

캠핑요리는 캠핑요리만의 법이 있다. 캠핑요리는 가정의 주방처럼 모든 것이 완벽하게 갖춰진 것이 아닌, 도구와 재료가 모두 부족하다는 전제에서 시작한다. 또한 조리에 필요한 열원과 도구도 집에서와 사뭇 다르다. 따라서 캠핑장에서 통용되는 요리법에 빨리 눈을 떠야 제대로 된 캠핑요리를 만들 수 있다. 재료나 조리법 등에서 과감히 생략할 것은 생략하고, 없으면 없는 대로, 재료 본연의 힘을 믿으며 요리를 할 줄 알아야 캠핑요리의 달인이 될 수 있다.

캠핑장에서 해먹는 요리는 단순한 한 끼의 밥에 머물지 않는다. 캠핑요리는 가족을 향한 지극한 정성이 담겨 있다. 캠핑을 가기 전 요리재료를 준비할 때도, 캠핑장에서 가족을 위해 요리를 하는 손길에도 '사랑'이 담겨 있다. 캠핑요리를 통해 가족 사랑을 확인하고 캠핑의 낭만을 키우는 것이다. '가족사랑'과 '낭만', 이것이 우리시대 캠핑요리의 화두다.

캠핑요리 도구

더치오븐

그리들

철판

키친 테이블

바비큐 용품

투버너 스토브

침니 파이어 스타터

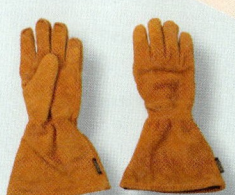
그릴 장갑

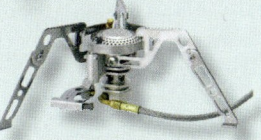
원버너 스토브

훈제용 바비큐 그릴

집게

브리켓 바스켓

스토브

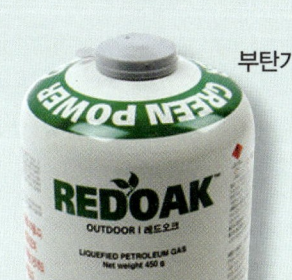
부탄가스

바비큐 그릴

조리 도구

야외용 토스터

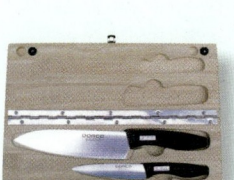
스킬렛

프라이팬

마이크로캡슐

칼 · 도마

주방 용품

바비큐 테이블

코펠

커피 드리퍼

아이스박스

양념통

건조망

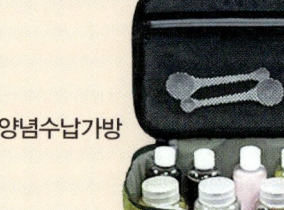
양념수납가방

토치

화로대

수저 세트

온도계

설거지 가방

5대 캠핑요리 도구

◎ 코펠

캠핑요리의 기본이 되는 도구다. 코펠은 캠핑장에서 사용하기 편리하게 제작된 냄비다. 일반 냄비와 달리 접이식과 분리형 손잡이를 사용해 냄비를 포개서 담을 수 있게 수납성을 극대화시킨 것이다. 보통 한 개의 코펠에는 2~3개의 냄비가 들어 있다.

코펠은 만능 조리도구다. 밥을 짓고, 국을 끓이고, 고기를 볶는 등 모든 조리에 활용할 수 있다. 따라서 코펠은 캠핑요리의 필수장비다. 경우에 따라 밥솥과 냄비, 프라이팬을 각기 따로 가지고 다니는 캠퍼도 있지만 캠퍼 대부분은 코펠에 의존한다. 부피에 비해 무게가 가벼워 여성들도 조리 시에 불편을 느끼지 않는다. 따라서 코펠 하나만 있어도 캠핑요리는 다 할 수 있다.

그러나 코펠은 다양한 용도로 활용할 수 있다고 해서 완벽한 조리도구는 아니다. 오히려 그 반대다. 코펠은 재질에 따라 다르기는 하지만 대부분 두께가 얇은 금속으로 되어 있다. 두께가 얇다는 것은 그만큼 열전도율의 변화가 심하다는 이야기이다. 이는 조금만 실수해도 밥이 타거나 아니면 뜸이 덜 들어 밥이 설익을 수 있다. 또한, 장작으로 피운 모닥불처럼 너무 강한 불에서는 사용하기가 곤란하다. 코펠은 재질에 따라 알루미늄, 법랑, 스테인리스로 나뉜다. 알루미늄은 저렴하지만 부식이 잘 되고, 작은 충격에도 쉽게 변형이 된다. 법랑은 음식물이 달라붙지 않는 장점이 있지만 코팅이 벗겨지면 사용감이 떨어진다. 스테인리스는 내구성과 심미성에서 모두 우수하지만 가격이 비싸다. 그래도 지속적으로 캠핑을 다닐 요량이면 스테인리스 제품을 추천한다. 백패킹용으로는 티타늄으로 만든 코펠도 있다. 하지만 고가인데다, 대부분 1~2인용의 작은 사이즈라서 가족이 사용하기에는 부족하다.

◎ 석쇠

바비큐하면 빼놓을 수 없는 도구다. 보통 화로대와 한 몸으로 취급받는다. 숯불을 이용한 직화구이를 할 때 힘을 발휘한다. 석쇠만 제대로 활용할 줄 알면 바비큐 요리 절반은 섭렵했다고 할 수 있다.

석쇠는 화로대 시리즈로 개발되기 전까지는 1회용이 대부분이었다. 지금도 철물점에서는 1회용 석쇠를 판다. 하지만 말 그대로 1회용이다. 한 번 쓰고 나면 씻기도 어려울 뿐 아니라 가격이 저렴해 그냥 버리고 만다. 자연히 자원낭비와 환경오염을 심화시킨다. 또 극소수이지만 화로대가 아닌, 계곡에서 돌을 지지대로 사용해 고기를 굽는 이들도 있어 눈살을 찌푸리게 한다. 하지만 최근에 화로대에 맞춰 출시되는 제품은 반영구적이다. 스테인리스로 튼튼하게 제작이 되어 지속적으로 사용이 가능하다.

석쇠를 이용한 요리는 가장 원초적이라 할 수 있다. 열원이 직접적으로 음식재료에 닿기 때문. 흔히 '불맛'이라 부르는데, 숯불 고유의 향이 재료에 스며 향을 더한다. 이 때문에 간접구이를 한 후에 마무리로 석쇠에서 불맛을 입히는 스테이크 요리도 있다.

석쇠로 요리할 수 있는 음식재료 가운데 첫 번째는 육류다. 삼겹살이 여기에 해당한다. 소고기나 닭도 좋은 재료다. 석쇠에 직화구이로 요리할 때는 고기 두께가 1cm 이상은 돼야 겉이 타더라도 육즙을 지킬 수 있다. 해산물도 석쇠 요리의 좋은 재료다. 조개나 새우, 고등어 자반 등이 사랑받는다. 이밖에 감자와 양파 등 야채도 가능하다.

석쇠는 불이 직접 닿기 때문에 불 조절이 관건이다. 특히, 삼겹살처럼 기름이 많은 육류의 경우 기름이 떨어져 '불쇼'를 벌이는 일이 많다. 따라서 생각만큼 숙련된 요리를 하기가 쉽지 않다. 많은 시행착오가 필요하다.

◎ 철판(그리들)

석쇠와 함께 캠핑요리의 핵심을 이루는 도구다. 철판은 화로대에 전적으로 의존하는 석쇠와 달리 스토브 등에서도 자유롭게 사용할 수 있어 쓰임새가 더 다양하다고 할 수 있다. 철판만 제대로 활용해도 만능 요리사 칭호를 받을 수 있다.

철판의 주재료는 알루미늄, 스테인리스, 무쇠 등 다양하다. 보통 직사각형 모양이 대부분이지만 경우에 따라서는 원형으로 된 것도 있다. 춘천닭갈비에서 사용하는 것이 원형철판이다. 또 분류가 다르기는 하지만 스킬렛도 큰 범주에서는 철판에 포함시킬 수 있다.

대부분의 철판요리는 센불에서 빨리 요리한다. 이는 야채나 고기의 수분을 지키기 위함이다. 또, 여럿이 먹는 철판요리는 많은 양의 재료를 한 번에 조리하는 경우가 많다. 따라서 철판 두께가 두껍거나 무쇠처럼 열을 축적하는 축열 능력이 탁월해야 한다.

철판요리는 볶고, 지지고, 굽는 용도로 사용된다. 닭갈비·순대볶음·떡볶이·소시지야채볶음 등이 대표적인 요리다. 기름만 잘 두르면 계란 프라이나 부침개도 부쳐 먹을 수 있다. 철판이 크기 때문에 여럿이 함께 먹을 수 있다. 철판 하나면 계란 프라이 10개를 동시에 할 수 있다. 또 화로대와 스토브 등을 자유롭게 오가면서 요리를 할 수 있기 때문에 전천후로 활용할 수 있다.

철판요리의 특징은 센불에서 충분히 달구어진 다음에 조리를 한다는 것이다. 이는 철판의 면적이 넓어 식재료와 접촉하는 순간 열원을 빨리 빼앗기기 때문이다. 철판이 열원을 빨리 빼앗기게 되면 요리 시간이 길어지게 되고, 고기와 야채의 육즙이 빠져나가 음식맛이 떨어진다. 따라서 최대한 철판을 달군 뒤 사용한다.

◎ 그릴

캠핑요리의 진화를 이끌고 있는 조리도구다. 훈제용 그릴은 음식재료에 직접 열원이 닿는 직화구이가 아닌, 달구어진 복사열을 이용해 조리를 한다. '1박2일'에서 이승기가 도전해 눈길을 끌었던 비어 치킨이 대표적인 요리다.

훈제용 그릴은 둥글거나 혹은 사각의 용기 안에 석쇠로 층을 두어 숯을 넣을 수 있는 공간과 음식재료를 올리는 공간을 나누어 놓았다. 여기에 숯불이 꺼지지 않도록 산소를 공급해주는 공기구멍이 있다. 음식재료를 올린 후 뚜껑을 닫아 놓으면 열원이 직접적으로 재료에 닿지 않아도 달구어진 대류열(복사열)에 의해 서서히 고기가 익는다. 여기에 고기의 잡냄새를 없애고 향을 더 좋게 하기 위해 훈연제를 넣어 주기도 한다.

훈제용 그릴을 이용한 요리는 대부분 시간이 오래 걸린다. 육류의 경우 보통 1시간~1시간 30분, 닭이나 오리 같은 가금류는 1시간 30분 내외로 걸린다. 훈제용 그릴을 이용한 요리에는 직화구이에서 느낄 수 없는 특별한 맛이 있다. 우선 덩치가 큰 식재료도 거뜬하게 조리한다. 서서히 익지만 뼛속까지 익혀준다. 지름이 10cm 가까이 되는 통삼겹살이나 통닭도 거뜬하게 요리한다. 간접구이이지만 숯불 특유의 향이 고기에 스며 바비큐의 진정한 맛을 느끼게 해준다. 또 뚜껑을 제거하고 숯불을 고르게 펴서 깔면 직화구이도 할 수 있다.

훈제용 그릴은 요리를 기다리는 즐거움이 있다. 일단 세팅을 해 놓으면 요리가 끝날 때까지 완벽한 자유다. 그릴이 알아서 요리해 주기 때문에 다른 용무를 보거나 쉴 수 있다. 다만, 덩치가 커서 수납성이 많이 떨어진다. 일반 승용차를 이용하는 캠퍼들에게는 그림의 떡이 될 수도 있다.

◎ 더치오븐

캠핑요리의 고수라면 반드시 갖춰야 하는 장비다. 아주 특별한 요리를 할 수 있는 것은 물론, 캠핑의 낭만을 가장 극적으로 보여주는 장비다.

더치오븐은 무쇠로 만든 솥이다. 뚜껑이 무거워 제아무리 센불로 조리해도 뚜껑이 들썩거리는 일이 없다. 당연히 수분 증발이 최소화된다. 이 때문에 물을 붓지 않고도 육류나 야채를 조리할 수 있다. 또 무쇠로 만들어 축열기능이 아주 뛰어나다. 솥이 달구어지기도 어렵지만 일단 달구어지면 쉽게 식지 않는다.

더치오븐은 만능이다. 바비큐는 기본. 찜이나 전골 요리에서도 탁월한 힘을 발휘한다. 더치오븐에 해먹는 밥맛은 가마솥으로 한 밥 그 이상이다. 빵도 구울 수 있다. 더치오븐 뚜껑을 이용하면 계란 프라이나 부침개도 완벽하게 요리할 수 있다. 훈연제를 이용한 훈연 요리도 가능하다. 기능성만 따지면 코펠과 훈제용 그릴, 철판을 하나로 모아 놓은 것과 같다. 따라서 더치오븐만 있으면 원하는 모든 요리를 할 수 있다.

더치오븐의 또 다른 장점은 불을 가리지 않는다는 것이다. 스토브를 이용하는 것은 기본. 불길이 활활 치솟는 장작불 위에 올려놓아도 척척 요리가 된다. 밑에서만 불을 지피는 게 아니다. 윗불도 준다. 뚜껑 위에 숯불을 올려놓으면 위에서도 열원이 공급되어 오븐의 역할을 하게 된다.

더치오븐의 단점은 무게다. 캠핑장에서 즐겨 쓰는 12인치의 경우 무게가 12kg에 달한다. 여성은 들기도 벅차다. 여기에 삼각대까지 더하면 캠핑 장비를 싣고 내릴 때마다 더치오븐을 노려보게 된다. 그러나 분명한 것은 사용법만 제대로 익히면 최강의 도구로 활용할 수 있다. 또한, 더치오븐은 우리가 생각하는 것보다 훨씬 더 요리를 잘 한다. 더치오븐 스스로 요리를 할 줄 안다.

바비큐 재료

육류

1 돼지고기

온 국민이 사랑하는 대한민국 대표 바비큐 재료다. 대부분의 초보 캠퍼는 두툼하게 썬 삼겹살을 직화구이로 구워먹는다. 하지만 훈제나 더치오븐 등의 도구를 이용하면 직화구이와는 차원이 다른 놀라운 요리의 세계가 열린다. 특히, 그릴을 이용한 훈제요리의 경우 두께가 10cm쯤 되는 통삼겹살도 겉은 바싹하고, 속은 촉촉하게 요리할 수 있다. 양념과 향신료의 종류에 따라 다양한 요리도 가능하다. 야외에서는 성인 1인당 300g은 잡아야 모자람이 없다. 직화구이는 냉장육을 이용하는 게 맛이 좋다. 목살도 삼겹살과 조리법에서는 크게 다르지 않다.

2 닭

삼겹살과 함께 캠퍼들이 가장 사랑하는 육류다. 닭 한 마리를 통째로 요리하기도 하지만 날개와 다리, 근위 등 부위별로 다양한 방식으로 요리할 수 있다. 아마도 가장 다양한 레시피가 가능한 재료가 닭일 것이다. 특이한 조리법과 모양으로 캠핑요리의 대명사로 불리는 비어 치킨이나 씨암탉과 몸에 좋은 약재를 넣고 푹 삶아내는 백숙은 닭 한 마리를 통째로 요리한다. 닭북채(닭다리)는 프라이드치킨으로 튀기거나 바비큐 그릴에서 훈제로 요리할 수 있다. 닭날개도 훈제요리의 단골 메뉴다. 또 감자나 양파, 당근 등을 넣고 얼큰하게 찜이나 볶음탕을 해먹을 수도 있다. 닭 요리를 통달하면 육류 요리의 절반은 뗀 것이나 마찬가지다.

3 소고기

근사한 스테이크와 와인 한 잔. 누구나 꿈꾸는 캠핑의 한 장면일 것이다. 스테이크용 고기는 안심이나 등심 등 소고기와 두툼하게 썬 돼지목살 등을 이용한다. 스테이크용 고기는 선도가 좋은 생고기로 준비해야 한다. 소금과 후춧가루 등만 뿌려 고기맛을 최대한 살려 먹는 게 좋다. 또 좋아하는 스타일에 따라 고기의 익힘 정도를 조절하는 게 포인트다. 고기가 두껍지 않기 때문에 훈제나 간접구이 요리로는 적합지 않다. 센불에 달군 석쇠나 후라이팬을 이용한다. 스테이크와 곁들여서 양파나 감자, 아스파라거스, 토마토 등의 야채를 구워 내면 식탁이 화사하다.

4 갈비

갈비는 뼈가 들어 있는 고기 가운데 거의 유일하게 캠핑요리로 쓰인다. VIPS나 OUTBACK 같은 외국계 프렌차이즈 레스토랑에서 폭립 Pork Rib 으로 파는 것을 먹어봤을 것이다. 그러나 캠핑장에서 직접 요리하면 그 맛은 비교할 수가 없다. 초보도 레시피만 따르고, 그릴만 믿으면 놀라울 정도로 맛이 나는 요리가 된다. 보통 뼈가 있는 요리는 직화구이보다 간접구이 방식으로 조리하는 게 좋다. 보통 1시간 이상 핏물을 뺀 후 요리하기 하루 전쯤 양념에 재워둬야 깊은 맛을 낸다.

5 소시지 · 햄 · 베이컨

육류를 원료로 해서 만든 가공식품도 캠핑요리에서 빠질 수 없다. 캠핑장에서 소시지의 활약은 눈부시다. 아무것도 없이 통째로 구워 먹어도 맛있고, 야채와 함께 볶아 먹어도 훌륭한 요리가 된다. 부대찌개에도 빼놓을 수 없다. 햄과 베이컨도 활용도가 높다. 햄은 김밥이나 샌드위치를 만들 때 즐겨 사용된다. 베이컨은 계란 프라이, 토스트와 함께 서구식 아침 식사를 장식한다. 또 떡과 야채 등을 베이컨으로 돌돌 말아 요리하면 맛도 좋고, 모양도 좋다. 파스타에도 궁합이 잘 맞는다. 분위기 있는 요리를 만들고 싶다면 베이컨 요리를 연구할 필요가 있다.

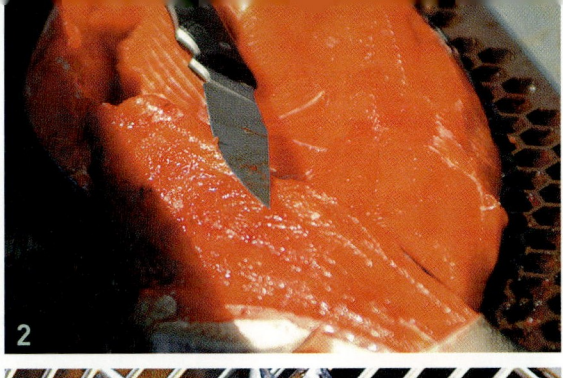

해산물

1. 낙지·주꾸미

주꾸미와 낙지, 문어 같은 뼈 없는 어류도 캠핑을 즐겁게 해주는 아이템이다. 구이와 찜, 탕 등 다양한 방식의 요리로 소화할 수 있다. 봄철 별미인 주꾸미는 고추장 양념에 버무려 철판구이나 직화구이로 먹는 게 최고다. 선도가 좋은 것은 맑게 탕을 끓일 수 있다. 낙지는 수십 가지 요리가 가능한 팔방미인이다. 나무젓가락에 돌돌 말아 약불에서 노릇노릇 구워 먹을 수도 있다. 낙지만 담백하게 끓인 연포탕도 좋고, 갈비와 함께 갈낙탕을 끓여도 좋다. 물론 양념철판구이는 기본이다. 문어는 코펠에 삶아 빗겨 썬 뒤 참기름장에 찍어 먹으면 간단한 안주가 된다.

2. 연어

연어는 초록이 물씬한 봄날에 좋은 아이템이다. 생선초밥을 좋아한다면 필히 도전해볼 만하다. 대형 마트에는 냉동훈제연어를 쉽게 구할 수 있다. 그 상태로 가져가서 적당히 녹으면 무순 등의 야채를 활용해 연어초밥을 만들어 먹을 수 있다. 이색적인 요리를 원한다면 연어 머리 등을 이용한 훈제 스테이크에 도전할 수 있다. 훈연향이 가득 배인 연어 스테이크는 캠핑장에서 먹어야 맛이 산다. 연어 요리를 먹을 때는 화이트 와인을 곁들이는 센스!

3. 고등어

캠핑장의 밥도둑은 염장한 생선이다. 숯불에 뒤집어 가며 노릇노릇하게 구운 고등어 자반이나 조기, 삼치 등은 밥 한 공기를 뚝딱하게 한다. 프라이팬에 기름을 두르고 굽는 것과는 차원이 다르다. 생선 기름이 숯불에 쏙 빠져 담백한 맛이 살아난다. 또, 과메기나 양미리, 양태 등 반건조 생선을 구워 먹는 맛도 별미다.

염장은 아니지만 꽁치나 전어, 은어 등 생물도 직화구이로 도전해볼 만한 아이템이다.

4 새우

해산물 바비큐의 맛을 제대로 살려주는 재료다. 특히, 대하가 나는 가을에 바닷가 캠핑장에서는 새우 하나만 있어도 충분하다. 숯불에 노릇노릇하게 구워 하나씩 까먹는 재미가 별미다. 준비할 것은 찍어먹을 초장이나 고추냉이간장뿐이다. 스페인의 지중해식 요리 빠에야를 장식하는 것도 새우다. 새우 살만 발라서 밥을 짓거나 볶음밥 등에 넣어 먹을 수 있다. 신선한 새우로 끓인 새우탕의 시원한 국물은 안 먹어본 사람은 모른다. 다만, 선도 관리가 생명이라 봄가을에 적합한 재료다.

5 조개

바닷가 캠핑장에서 바비큐 1순위다. 조개는 특별한 조리법이 필요 없다는 것이 장점. 숯불에 구워 먹어도 되고, 탕을 끓여 먹을 수도 있다. 어느 요리를 하더라도 양념이 거의 필요 없다. 재료 본연의 맛을 살리면 충분하다. 조개는 백합·모시조개·바지락·가리비·키조개·소라·고동 등 종류도 다양하다. 조리시간이 짧은 것도 장점이다. 오히려 조개는 조리 시간을 길게 가져가면 찰진 맛이 사라진다. 조개가 입을 벌리면 다 익은 것으로 냉큼 먹는다. 조심할 것도 있다. 우선 싱싱한 것을 사야 한다. 또 숯불에 구울 때는 육즙이 흘러넘치지 않도록 해야 한다. 탕을 끓일 때는 해감을 제대로 해줘야 국물이 흙빛으로 변하는 것을 예방할 수 있다.

6 오징어

캠핑장에서 가장 활용도가 뛰어난 해산물 가운데 하나다. 살아 있는 것은 회로 먹고, 물회를 만들 수 있다. 삼겹살과 함께 고추장 오삼불고기를 만들 수 있다. 그릴에다 통째로 구어 먹을 수도 있다. 오징어만 있으면 온종일 식탁이 풍성하다.

야채

1 감자 · 고구마

캠핑장에서 감자와 고구마를 구워 먹는 것은 음식이기 이전에 아이들에게는 일종의 의식이다. 캠핑장에서 모닥불을 피우는 것은 기본. 이 모닥불의 불꽃이 사그라들 무렵, 포일에 싼 감자와 고구마를 넣어 구워먹는 재미가 좋다. 바비큐 그릴 요리에서도 빼놓을 수 없다. 육류를 이용한 훈제 요리를 할 때 1시간쯤 훈연을 시키면 속까지 폭 익는다. 올리브 오일과 바질 같은 향신료를 이용해 만드는 웨지감자나 알을 굵직하게 썰어넣고 끓이는 닭볶음탕에도 감자는 필수다. 감자밥도 별미다.

2 양파

양파는 캠핑장의 감초같은 존재다. 음식을 조리할 때 맛을 내는 양념으로도 활용되지만 스스로 요리의 주역이 되기도 한다. 그릴을 이용한 훈제 요리를 할 때 통째로, 혹은 절반만 뚝 잘라 놓으면 요리 끝! 육즙이 살아 있으면서도 아삭아삭 씹히는 맛이 별미다. 양파 특유의 아린 맛은 사라지고 훈연된 단맛이 입안에 군침을 돌게 한다. 물론, 철판구이를 시도하는 육류나 해산물에도 양파가 빠져서는 안 된다. 국이나 탕도 마찬가지다.

3 마늘

마늘이 바비큐 재료? 얼핏 의아해 하는 캠퍼들이 있을 수 있다. 하지만 마늘은 양념에 머물지 않고 훌륭한 바비큐 재료가 되기도 한다. 마늘을 꼬치에 꽂아 숯불에 구으면 매운맛은 사라지고 군밤처럼 구수해진다. 또 오뉴월 햇마늘이 날 때는 통마늘을 사서 바비큐 요리에 도전해 보자. 윗부분을 싹둑 잘라낸 뒤 올리브 오일을 살짝 바르고 오븐이나 그릴에서 구

워내 스테이크 등의 육류 요리에 곁들여 보라. 맛은 기본, 캠핑요리의 센스를 아는 캠퍼 대접을 받는다.

4 버섯

버섯은 그 무궁한 가능성에도 불구하고 아직까지는 많이 개발되지 않은 바비큐 재료다. 버섯은 종류가 다양하고, 생김새가 천차만별이다. 따라서 버섯의 종류에 따른 요리법을 선택하는 노하우가 필요하다. 보통 바비큐용으로는 양송이버섯이나 표고버섯을 즐겨 사용한다. 볶음용은 느타리버섯과 팽이버섯이 선택된다. 버섯과 파프리카, 양파, 마늘 등 야채만을 모아서 꼬치구이를 할 수도 있다.

5 토마토

과일이냐 야채냐를 두고 논란이 되는 게 토마토다. 우리나라에서는 과일취급을 받지만 서양에서는 야채로 분류된다. 따라서 토마토를 이용한 다양한 요리가 있다. 가장 쉬운 예로 파스타를 할 때 생토마토를 넣으면 양념이 한결 신선하고 맛깔스러워진다. 또 살짝 익힌 토마토는 바비큐 요리와 함께 곁들여 내면 훌륭한 장식이 된다. 물론, 굽거나 요리한 토마토도 특별한 미각을 선사한다. 생토마토는 입가심으로도 먹기 좋다. 토마토처럼 시각적인 효과가 뛰어나면서 활용도 좋은 야채로 피망과 파프리카가 있다.

6 기타

육류 중심의 바비큐에 길들여진 이들에게는 다소 생소할 수 있겠지만 바비큐 재료로서의 야채의 가능성은 무궁무진하다. 옥수수는 한 번 삶아서 버터를 바른 뒤 숯불에 노릇노릇하게 구우면 간식으로 좋다. 단호박은 씨를 파낸 뒤 다른 재료로 속을 채워 요리를 하면 아주 럭셔리한 요리가 된다. 이 밖에 양배추·애호박·가지·바나나도 훌륭한 재료다.

캠핑요리의 열원

자, 이제 요리재료도 준비가 됐다. 요리만 하면 되는데, 가장 중요한 선택이 하나 남아 있다. 어떤 열원을 사용할 것인가이다. 캠핑장에서는 집안과 달리 다양한 열원을 활용할 수 있다. 가장 대표적인 것은 스토브(버너)를 이용하는 것이다. 훈제나 직화구이를 한다면 숯이나 브리켓을 이용한다. 어떤 불이든 따지지 않는 더치오븐은 활활 타는 장작불로 요리해도 아무 상관이 없다. 다만, 열원에 따라 조리방법과 음식맛이 천차만별이란 것을 명심해 두자.

◎ 스토브

가장 널리 사용되는 캠핑요리의 열원이다. 캠핑용 스토브는 보통 2개의 요리를 동시에 할 수 있게 버너가 2개인 것이 많이 사용된다. 연료는 가스와 가솔린 2가지. 가스는 사용이 편리하지만 겨울처럼 추운 날씨에는 제 기능을 못한다. 가솔린은 기온에 상관없이 화력이 일정한 것이 장점이지만 연료통의 압력을 높여주는 펌핑 작업과 예열 등 사용하기가 조금 까다로운 편이다. 스토브의 최대 장점은 손쉽게 사용할 수 있다는 것. 또 약한 불까지 자유자재로 조절할 수 있다. 다만, 숯이나 장작 등의 열원에 비해 화력이 약하다. 또한, '불맛'이라 부르는, 숯의 향이 없다.

◎ 숯

가장 오래된 방식의 바비큐 열원이다. 스토브나 브리켓보다 화력이 월등히 뛰어나다. 또한, 음식에 가장 완벽한 '불맛'을 안겨준다. 숯은 어떤 나무로 구웠는가에 따라 종류가 나뉜다. 또한 숯을 만드는 과정에서 산소와의 결합 유무에 따라 백탄과 흑탄으로 나뉜다. 바비큐용으로 가장 좋은 것은 참숯으로 만든 백탄이다.

숯의 단점은 불붙이기가 어렵다는 것이다. 브리켓에 비해 불붙는 속도가 더디다. 또 온도를 조절할 수 있게 데이터가 존재하는 브리켓과 달리 숯은 불 조절이 용이하지 않다. 오직 숯을 사용하는 사람의 경험에 의존해야 한다.

◎ **브리켓**

화로나 그릴을 이용한 요리에 가장 많이 사용되는 열원이다. 브리켓은 석탄이나 톱밥 등의 가루를 사각형 모양으로 빚어서 만든 것이다. 미국 킹스포드나 호주 하트비드 등의 제품이 널리 사용되고 있다. 브리켓은 숯에 비해 점화가 쉽고, 일정한 규격으로 제작되어 불 조절이 가능하다. 예를 들어, 더치오븐 요리에는 3UP/3DOWN=150도라는 공식이 있다. 요리를 할 때 더치오븐 뚜껑에는 지름(인치)에 3개를 더하고, 밑에는 지름에서 3개를 빼면 빵을 구울 때 적합한 150도의 온도가 된다는 것이다. 또 브리켓 2개를 올릴 때마다 12.5도씩 온도를 올리 수 있어 재료에 맞춰 온도를 조절할 수 있다. 이처럼 브리켓을 자유롭게 이용하려면 충분한 경험이 필요하다. 브리켓의 단점은 점화시키는 데 시간이 필요하다는 것이다. 보통 침니 파이어 스타터라는 도구를 이용하는데, 표면이 하얀색으로 변하면서 완전히 불이 붙을 때까지는 10분 내외의 시간이 필요하다. 침니 파이어 스타터가 없을 경우 가스 토치를 이용해 불을 붙인다.

◎ 장작

화로에 지핀 장작도 캠핑요리의 열원으로 사용할 수 있다. 더치오븐처럼 열원을 따지지 않는 요리도구를 이용할 때 유용하다. 장작은 가장 강력한 화력을 뽐내지만 그만큼 불조절이 여의치 않다. 또한, 요리도구 사용도 제한적이다. 따라서 철판이나 석쇠 등의 요리도구를 이용해 요리를 하려면 장작불이 꺼진 후 잉걸불이 되었을 때 하는 것이 좋다. 장작불을 지펴 잉걸불을 만들 수 있다면 가장 운치 있는 캠핑요리를 할 수 있다.

직화 vs 훈제

바비큐를 하는 방식은 크게 두 가지다. 열원이 음식재료에 직접 닿게 하는가, 아니면 열원과 음식재료를 분리해 간접적인 열기로 요리를 하는가다. 전자는 직화구이, 후자는 간접구이라 부를 수 있다. 직화구이의 대명사는 석쇠를 이용한 삼겹살 구이, 간접구이는 바비큐 그릴을 이용한 훈제요리라 할 수 있다.

◎ 직화구이

직화구이와 간접구이는 조리방식에서 아주 큰 차이를 보인다. 직화구이를 하면 육즙을 빼앗길 공산이 크다. 열원이 음식재료에 직접 닿기 때문. 또 사방이 오픈되어 있어 수분이 빠져나갈 공간이 많다. 따라서 직화구이를 할 때는 가급적 조리시간을 줄이는 게 좋다. 조리시간을 줄이는 방법은 고온에서 요리하는 것이다. 석쇠나 철판 등을 뜨겁게 달구어 순간적으로 음식재료 표면을 익혀 육즙이 빠져나가는 것을 막는다(이 과정을 실링Sealing이라 부른다).
실링을 할 때는 재료의 양방향 모두 돌려가면서 해준다. 실링을 하고나면 고온에서 중온으로 낮출 수 있다. 계속 고온에서 요리를 하면 겉이 타버릴 수 있기 때문이다. 따라서 바비큐 그릴이나 화로대를 이용할 때는 숯불의 강도를 강과 약으로 이등분해 놓으면 좋다. 강에서 실링을 하고, 약에서 속까지 익히는 방식이다. 하지만 실링을 했다고 해서 육즙을 계속 보존할 수 있는 것은 아니다. 시간이 경과할수록 육즙은 계속 빠져나간다는 것을 명심해야 한다. 오래 요리한 삼겹살이 돌덩이처럼 딱딱해지는 것도 육즙을 모두 빼앗겼기 때문이다.

직화구이는 장점도 많다. 우선 요리시간이 짧다. 요리를 하면서 바로바로 먹을 수 있다. 또 숯불 특유의 향이 음식재료에 배어 있어 바비큐의 향미를 느낄 수 있다. 특히, 조개나 새우, 고등어 등의 해산물 요리는 직화구이를 따라올 게 없다.

◎ 간접구이

간접구이는 직화구이에 비해 상대적으로 저온에서 요리를 한다. 바비큐 그릴 이용 시 내부 온도는 보통 150~170도 내외를 유지한다. 이 상태로 요리를 하면 육류는 1시간 20분, 가금류는 1시간 30분 정도면 요리가 완성이 된다. 참고로 요리는 고기 내부의 심부온도를 재서 요리의 완성을 판단한다. 소고기는 65도, 돼지고기는 75도, 닭과 오리 등 가금류는 85도 이상이면 된다.

간접구이를 하려면 특별한 조리도구가 필요하다. 열원이 흩어지지 않고 대류할 수 있게 밀폐된 용기가 필요하다. 물론, 숯불이 타는 데 필요한 최소한의 산소를 공급할 수 있는 구멍은 있어야 한다. 그래서 바비큐 그릴을 이용한다. 간접구이를 할 때는 숯불을 어떤 식으로 배치하는가에 따라 원 포인트와 투 포인트로 나눈다. 원 포인트는 한쪽 면에 숯불을 두고, 반대편에 음식재료를 올리는 방식이다. 투 포인트는 그릴의 양쪽 사이드에 숯불을 놓고, 가운데에 음식재료를 올려 조리하는 방식이다. 보통 사이즈가 작은 바비큐 그릴은 원 포인트, 큰 컷은 투 포인트를 사용하는데, 딱히 정해진 법은 없다.

바비큐 그릴을 이용하면 열원만 모아두는 게 아니다. 고기의 육즙 손실도 최소화시킬 수 있다. 열원이 사방에서 영향을 주기 때문에 음식재료의 육즙이 밖으로 배출되지 못하고 안으로 모이게 된다. 따라서 바비큐 그릴을 이용해 간접구이를 한 음식이 직화구이보다 훨씬 더 육즙이 풍부하다. 이렇게 가운데로 몰린 육즙을 레스팅Resting 과정을 통해 고기 전체로 스며들게 한다. 요리가 끝나면 포일에 싸서 10분쯤 놓아둔다. 이렇게 하면 가운데에 몰려 있던 육즙이 고기 전체로 퍼진다. 더치오븐의 경우 밖에서 열원을 공급하는 방식이지만 솥이 워낙 두껍기 때문에 간접구이가 가능하다. 열을 모으는 축열 기능이 뛰어난 무쇠라 한 번 가열되면 쉽게 식지 않는다. 여기에 아랫불은 물론 윗불까지 줄 수 있어 요리에 필요한 온도를 유지할 수 있다.

럽과 마리네이드

도대체 럽이 뭐야? 마리네이드와 시즈닝은 또 뭐야? 캠핑 바비큐 입문자라면 하나 같이 궁금해 하는 말이다. 바비큐를 하기 전에 식재료에 어떤 작업을 해줘야 하는 것 같기는 한데, 정확한 뜻을 몰라 답답해 하는 초보캠퍼들이 많다. 럽과 마리네이드, 시즈닝은 바비큐를 할 때 음식재료의 맛과 향이 좋아지도록 만드는 과정을 말한다. 바비큐 문화가 우리나라에 들어오면서 덩달아 사용되는 영어다. 우리말로 풀어보면 고기를 양념에 미리 재우기, 혹은 요리 전 밑간하기다. 하지만 럽과 마리네이드, 시즈닝은 방식과 내용에서 조금씩 차이가 있다.

◎ 럽(Rub)

럽의 사전적 정의는 '문지르다', '비비다'이다. 이는 음식재료의 맛과 향을 더해주는 양념과 향신료를 고기에 바르는 것을 말한다. 럽은 상태에 따라 드라이 럽Dry Rub과 웨트 럽Wet Rub으로 나눈다. 드라이 럽은 소금과 설탕, 향신료를 배합해 만든다. 보통 소금과 설탕, 향신료의 비율을 1:1:1로 만든다. 집에서 만들 수도 있지만 마트에서 쉽게 구입할 수 있다. 웨트 럽은 간장과 올리브 오일, 양파나 마늘을 곱게 간 양념에, 향신료를 더해 걸쭉하게 만든다. 불고기를 재울 때 사용하는 양념이 웨트 럽이라 생각하면 된다. 럽은 보통 요리를 하기 반나절 전에 미리 해놔야 양념이 음식재료에 깊게 스며 든다. 럽은 본인의 취향에 따라 향신료를 첨가하면서 사용할 수 있다. 또 럽은 한 번에 많이 만들어두고 필요할 때마다 덜어서 사용하면 편리하다.

◎ 시즈닝(Seasoning)

시즈닝은 맛내기 소금이라 생각하면 편리하다. 소금에 후추, 마늘가루, 양파가루 등의 향신료를 첨가해 만든 것으로 요리 직전, 혹은 요리를 하면서 음식재료에 뿌려준다. 초간단 드라이 럽이라 생각하면 된다. 마트에서 '갈릭솔트'나 '어니언솔트' 등을 쉽게 구입할 수 있다. 그러나 담백한 맛을 좋아한다면 소금과 후추만으로 간을 하는 것도 나쁘지 않다. 소금과 맛내기 소금 가운데 어떤 것을 선택할지는 본인 취향의 문제다.

◎ 마리네이드(Marinade)

사전적 정의는 '고기나 생선을 요리하기 전에 맛을 들이거나 부드럽게 하기 위해 재워 두는 향미를 낸 액체'다. 얼핏 보면, 웨트 럽과 비슷하다. 차이점이 있다면 소금기의 정도다. 럽이 소금이나 간장을 이용해 음식재료에 간을 배게 하는 것이라면 마리네이드는 소금기를 배재한 채 육질을 부드럽게 하거나 풍미를 더해주는 것을 말한다. 마리네이드에는 올리브 오일, 사과나 레몬 같은 과즙, 월계수 잎과 로즈마리 같은 향신료 등을 넣는다. 콜라나 사이다 등 인스턴트 음료를 사용하기도 한다. 소금은 고기의 육즙이 새어나가게 하는 작용을 하기 때문에 요리 전에 첨가한다. 그러나 실제 캠핑요리에서는 웨트 럽과 마리네이드를 혼용에서 사용하는 경우가 많다.

한박사표 드라이 럽

바비큐에 입문하면 많은 향신료를 알게 된다. 향신료의 종류와 사용법은 그럭저럭 배울 수 있다. 하지만 향신료 배합은 교본에 없다. 각자 입맛에 맞게, 자기만의 향신료 비율을 찾아 내야 한다. 따라서 여기서 제시하는 배합은 개인적인 취향이 강하다. 다만, 한박사가 10년간의 바비큐 경력을 통해 터득한 것을 참조할 뿐이다.

◎ 고기 종류에 따른 향신료

육류(소고기, 돼지고기): 오레가노, 바질, 로즈마리, 파프리카

가금류(닭, 오리): 로즈마리, 넛맥, 화이트 후춧가루, 파슬리, 강황, 타임

생선류: 딜(허브의 일종), 바질, 로즈마리

◎ 소금과 설탕, 향신료의 비율

드라이 럽을 만들 때는 기본적으로 소금과 설탕이 꼭 들어가야 한다. 특히, 소금 사용이 중요하다. 가급적 고급 소금을 사용하는 게 좋다. 소금 세계에 들어가면 맛과 급이 다른 수십 종의 소금이 있다는 것을 알게 된다. '소금이 달다'는 표현이 이해되면 비로소 소금의 참맛을 느끼게 된다. 소금과 설탕, 향신료의 비율은 각기 다르다. 가장 보편적인 비율은 소금과 설탕:향신료가 1:1이다. 예를 들어 소금 2큰술에 설탕 2큰술이면 합이 4큰술이다. 그렇다면 향신료도 4큰술이 되어야 한다. 즉, 사용하려는 향신료의 종류가 4가지, 혹은 10가지라 하더라도 그 합은 4큰술이어야 한다. 물론 이것은 절대적인 기준이 아니다. 한박사표 드라이 럽의 기준이다.

◎ 혼합형 드라이 럽 시판 제품

드라이 럽을 만드는 게 복잡하다면 묻지도 따지지도 말고 기성제품을 사서 쓰자. 대형 마트에 가면 다양한 향신료가 혼합된 럽을 판다. 향신료별로 일일이 구매할 필요가 없어 저렴하고, 애써 비율 따져가며 만들 필요도 없다.

◎ 럽 할 때 참고사항

❶ 음식물을 너무 오랜 시간 숙성시키지 마라. 음식을 조리하기 2~3시간 전에 럽을 한다. 캠핑처럼 사전에 준비할 때는 반나절을 넘기지 않는 게 좋다. 특히, 소금류는 고기의 육즙을 밖으로 배출시켜 맛과 식감을 떨어뜨린다.

❷ 너무 과도한 향신료 사용은 고기 본연의 맛을 떨어뜨린다. 럽을 하는 이유는 재료의 맛을 살려주기 위해서다. 그러나 과도하게 향신료를 사용하면 재료의 맛은 느낄 수 없고, 향신료의 맛만 느끼게 된다.

❸ 앞에서도 강조했지만 럽의 황금비율은 자신이 만드는 것이다. 자신의 입맛에 맞추어 향신료의 종류와 양을 선택하는 것이 중요하다.

〝 레시피 필요 없는 초간단 럽 〞

◆ **천일염+후추** 담백하게 고기를 즐기는 최선의 선택. 특별한 경우가 아니라면 조리하기 1시간 이내에 럽을 한다. 국산 천일염을 써야 맛이 난다.

◆ **된장+다진 마늘** 된장을 발라 놓으면 보기는 그래도 진짜 별미다. 즉석에서 발라도 상상 외의 깊은 맛이 난다. 된장 대신 쌈장을 발라도 된다. 도전하지 않았다면 말을 말어!

◆ **고추장** 매콤한 맛이 별미. 적어도 반나절 이상 숙성시켜야 제대로 밴다. 숙성시 청양고추도 추가하면 매콤한 맛이 배가된다.

캠핑요리 사전준비 ABC

☑ 재료는 미리 손질해둔다

대부분 캠핑장의 취사시설은 집과는 비교할 수 없이 열악하다. 또한 한정된 코펠을 이용해 재료를 다듬고 손질해야 한다. 따라서 집에서 미리 손질해가면 캠핑장에서 한결 수월하다.
양파나 감자, 파, 당근 등은 껍질을 벗기고 다듬는다. 양념에 쓸 마늘은 다져 놓는다. 닭고기는 깨끗이 손질해 캠핑장에서는 물에 한 번 헹군 뒤 곧바로 요리할 수 있게 한다. 나물이나 해물 종류도 마찬가지다. 권장사항은 아니지만 쌀도 씻어서 말려두면 간편하게 요리할 수 있다. 이렇게 손질한 음식재료를 팩과 용기에 담아두면 캠핑장에서는 취사장 들락거릴 일이 많이 준다.

☑ 양념은 동일한 용기에 담는다

소금, 설탕, 고춧가루, 깨소금, 후추 등의 양념은 요리할 때마다 필요한 것들이다. 그러나 캠핑준비를 하다 보면 한두 가지씩 빠트리는 경우가 많다. 또 캠핑장에서는 관리를 잘 못해 분실하는 경우도 많다. 이를 예방하기 위해서는 동일한 규격의 용기를 양념통으로 이용하는 것이 좋다. 또 양념류를 한 곳에 담을 수 있는 수납공간이 있으면 빠트리는 일도 없고, 캠핑장에서 분실하는 경우도 없다. 참기름과 식용유 등 기름과 간장, 장국도 동일한 크기의 용기에 담아가면 수납하기가 한결 수월하다.

☑ 신선류는 아이스박스에 담아 간다

고기나 생선 같이 상할 우려가 있는 것은 아이스박스에 넣어 간다. 김치 같은 밑반찬도 아이스박스에 넣어 간다. 단, 멸치볶음이나 콩자반처럼 냉장보관이 필요 없는 것은 다른 수납공간을 활용해 아이스박스의 공간을 확보해둔다. 맥주나 콜라처럼 차갑게 마실 음료와 주류도 냉장보관한다. 아이스박스에 냉장보관 할 때는 아이스팩을 맨 위에 올려야 보냉효과가 뛰어나다.

☑ 수납공간을 최적화시켜라

양념통과 마찬가지로 재료를 담는 용기는 규

격화시키는 것이 수납 잘 하는 비법이다. 용기 크기가 제각각이면 수납 시 빈 공간이 발생해 비효율적이다. 또 수납을 해도 안정적이지 않다. 따라서 양념류나 밑반찬, 야채 등에 맞춰 용기를 통일하고, 이 용기를 빈 공간 없이 최적화시켜 담을 수 있는 케이스를 마련하는 게 좋다.

☑ 냉동재료를 아이스 팩으로 활용하라

아이스 팩만으로는 냉장효과를 유지하기가 힘들다. 이때는 냉동시켜 사용해도 되는 것을 얼려서 아이스 팩 역할을 하게 하는 것이 방법이다. 예를 들면 페트병에 물을 얼려 아이스박스에 담아가면 보냉 효과도 좋고, 녹으면 시원한 물도 마실 수 있다.

☑ 재료의 특성에 따라 수납하자

음식재료를 수납하는 케이스는 2~3개로 분리하는 게 좋다. 반찬과 야채, 고기 등은 각각의 성격에 맞게 보관해야 잡스러운 맛이 서로 배지 않는다. 특히, 비린내가 많이 나는 해산물이나 어류 등은 단단하게 포장해서 다른 재료에 냄새가 배지 않도록 한다.

☑ 체크리스트를 만들자

캠핑에 필요한 장비와 조리도구, 재료 등을 합치면 챙겨야할 게 수십 가지가 된다. 자칫하면 중요한 물품을 빠트리고 가서 낭패를 볼 수도 있다. 음식도 마찬가지다. 양념이나 재료를 빠트리고 가 속상해 하지 않으려면 기본적인 음식재료 체크리스트를 만들어 두고 마지막으로 항상 체크하는 버릇을 들이자.

PART 1 ● 캠핑요리의 이해

캠핑요리 십계명

01_ 단순화시켜라

캠핑요리는 집에서 하는 요리와 다르다. 우선 재료가 충분치 않다. 집에서 사용하는 것을 모두 가져갈 수는 없다. 잘 챙겨간다고 해도 막상 캠핑을 가보면 재료 한두 가지가 빠져 있을 때가 부지기수다. 따라서 음식재료와 조리환경이 열악하다는 것을 전제로 해서 조리법을 단순화시키는 것이 중요하다. 음식 맛을 절대적으로 좌우하는 것이 아니라면 과감히 포기한다. 기본 재료 자체의 맛에 충실하는 게 좋다. 양념류도 꼭 필요한 것만 챙겨가고, 조리과정도 가급적 단순화시킨다.

02_ 사전에 치밀하게 준비하라

캠핑에서 준비성만큼 필요한 것도 없다. 캠핑 레시피는 미리 짜서 그에 맞게 재료를 준비한다. 레시피가 분명할수록 준비물도 확실해진다. 끼니마다 주 요리와 보조 요리를 정해 놓고, 그에 따른 재료 준비에 들어간다. 요리재료는 가급적 사전에 손질해 가는 게 좋다. 고기류는 양념에 재워 지퍼백에 담아서 숙성시킨다. 양파나 상추 등도 다듬어서 현장에서는 별도로 손질하지 않도록 한다. 찌개용이나 볶음용 음식재료도 하나의 비닐봉투에 담아 가면 캠핑장에서 한결 여유가 있다. 또 음식의 낭비도 막을 수 있다. 특히, 캠핑장 도착시간이 날이 저문 뒤라면 그날 먹을 재료는 떠나기 전에 1회용에 준할 만큼 완벽하게 준비해가는 게 현명하다.

03_ 조리도구를 믿어라

캠핑요리도구는 낯설다. 전기밥솥에 밥을 하는 것과 코펠에 밥을 하는 것은 다르다. 바비큐 그릴도 숙달되지 않았다면 할 때마다 조바심이 날 것이다. 더치오븐은 말할 것도 없다. 그러나 분명한 것은 조리도구를 믿으라는 것이다. 훈제용 바비큐 그릴이나 더치오븐은 캠퍼가 생각하는 것보다 훨씬 더 잘 만들어진 조리도구다. 캠퍼는 기본적인 레시피만 따르면 그만이고, 나머지는 조리도구가 다 알아서 조리를 한다. 특히, 1시간 이상 걸리는 훈제 요리나 더치오븐

요리는 조리시간이 10~20분 차이가 나도 대세에는 큰 영향이 없다. 가끔씩 조리 상태를 확인하면서 얼마든지 조절할 수 있다. 오히려 더 까다롭고 어려운 것은 직화구이다. 열원이 직접 음식재료에 닿기 때문에 대처가 늦으면 타버리거나 불쇼를 하게 된다. 다만, 코펠을 이용한 밥 짓기는 몇 번의 경험이 필요하다.

04_ 육즙을 지켜라

캠핑장에서 하는 바비큐의 기본은 육즙을 지키는 데 있다. 육즙은 육류나 야채 등 모든 음식재료 고유의 맛을 함유하고 있다. 이 육즙을 빼앗기면 요리는 뻣뻣하고 맛이 없어진다. 육즙을 지키기 위한 최선책은 표면을 코팅하는 것. 바비큐를 할 때 조리도구를 뜨겁게 달구는 것은 고기나 야채의 표면을 재빨리 익혀 육즙이 밖으로 새어 나오지 못하게 하기 위함이다. 중국집에서 용접기처럼 강력한 화력을 이용해 재빨리 음식을 조리하는 것도 같은 이치다. 또, 석쇠 자국이 분명한 스테이크는 보기 좋으라고 태운 것이 아니다. 육즙을 지키기 위해 충분히 달군 석쇠 위에 조리를 한 것이다. 더치오븐에 조리하는 육류의 경우 뜨겁게 달군 더치오븐에 고기 표면을 먼저 구워준 뒤 본격적이 조리에 들어간다. 육즙을 지키는 다른 방법은 조리시간을 최대한 짧게 갖는 것이다. 육즙만 지킬 줄 알면 바비큐의 달인에 근접한 것이다.

05_ 임기응변에 능하라

아뿔싸, 핵심재료가 없다! 캠핑장에서 흔하게 겪는 일이다. 요리의 재료가 부족하거나 빠뜨리고 온 것이다. 어떻게 할 것인가. 요리를 포기할 것인가. 아니다. 이가 없으면 잇몸으로 하는 것이다. 사실, 캠핑장에서는 이런 순간이 비일비재하다. 음식재료가 없다면 가져온 재료 중에 대체할 수 있는 것을 찾아야 한다. 물론 전혀 다른 요리로 둔갑할 수 있다. 상관없다. 다른 요리로 돌릴 수 있다면 돌려야 한다. 부족하거나 없는 것을 탓한들 재료가 하늘에서 떨어지지 않는다. 부족하면 부족한 대로, 있는 것

가운데 최대한 활용해서 요리를 한다는 자세가 필요하다.

06_ 현지에서 구하라

모든 음식재료를 사전에 준비해 갈 수 있다면 최선이다. 그러나 선도가 중요한 음식재료가 있다. 이를테면 해산물이나 육류가 그렇다. 이 경우 캠핑장 가는 길에 구할 수 있다면 현지에서 구하는 게 좋다. 또, 캠핑을 가고자 하는 고장의 특산물을 미리 파악해 가급적 현지에서 구매하는 것이 선도도 뛰어나고 가격도 저렴하다. 최근에는 음식재료를 캠핑장까지 택배로 배달해 주는 곳도 생겨나고 있다. 이를테면 충북 내륙의 캠핑장에서도 택배로 시킨 싱싱한 조개를 이용해 조개구이를 할 수 있는 것이다. 다만, 양념에 재워 숙성을 시켜야 하는 육류의 경우는 캠핑 가기 전에 미리 준비해 놓는다.

07_ 양념을 지배하라

캠핑요리는 양념 맛이 좌우한다. 특히, 바비큐는 어떤 향신료를 사용했는가에 따라 음식 맛이 천차만별이다. 따라서 레시피에 맞는 다양한 양념을 사용할 줄 알아야 한다. 된장과 간장, 고추장 등 장류와 마늘, 양파, 파, 생강, 고추 등 우리나라에서 사용하는 양념은 기본이다. 여기에 서구화된 바비큐 요리를 맛보려면 로즈마리, 파슬리, 후추 등 다양한 향신료를 가미해야 한다. 이 재료들은 집에서는 많이 사용하지 않는 것들이라 낯설 수가 있다. 하지만 몇 번 사용해보면 마늘이나 양파를 쓰듯이 자유롭게 사용할 수 있다. 다양한 향신료를 사용할수록 요리의 폭은 점점 넓어진다. 육류 바비큐에 많이 쓰이는 향신료는 한 번에 많이 만들어 병에 담아 두었다가 사용하면 편리하다.

08_ 창조정신에 충만하라

캠핑장에서도 집과 똑같은 음식 패턴을 유지한다면 다들 실망할 것이다. 캠핑장에서는 캠핑다운 요리를 만들어 먹어야 한다. 숯불을 이용하는 요리는 그 자체로 이미 집에서 먹는 요리와 구별을 지어준다. 여기서 멈춰서는 안 된다. 밥과 국 등에서도 창조성을 발휘해야 한다. 이

를테면, 문어나 해산물, 혹은 버섯이나 야채를 넣고 밥을 짓는다면 아주 특별한 밥이 될 수 있다. 온라인 카페나 책에서 눈팅만 하던 더치오븐이나 그릴을 이용한 훈제요리에도 도전해 보자. 실패해도 상관없다. 가족들은 그런 시도를 하는 자체에 높은 점수를 준다. 창조정신이 발휘되려면 사전에 치밀하게 준비해야 한다. 항상 캠핑을 가기 전에 이번 캠핑의 메인 요리를 정하고, 그에 따른 레시피를 섭렵한다.

09_ 공식을 만들어라

음식은 패턴이다. 음식재료만 달라질 뿐 기본적인 조리법과 소스는 크게 달라지지 않는다. 질문을 해보자. 고추장삼겹살과 닭갈비의 차이점은? 음식의 주재료가 돼지고기와 닭고기란 차이만 있을 뿐, 고추장을 메인 소스로 한 양념에는 큰 차이가 없다. 또 안동찜닭과 닭볶음탕도 마찬가지다. 메인 소스가 간장이냐 고추장이냐의 차이다. 물론, 안동찜닭에 들어가는 당면 같은 재료나 물엿의 양 등은 차이가 있을 수 있다. 그러나 기본 조리법은 크게 다르지 않다. 육류 훈제도 마찬가지다. 고기를 숙성시키기 위해 필요한 양념과 숙성방법은 크게 다르지 않다. 설령 향신료 한두 가지가 빠지거나 다른 장류나 소스를 썼다하더라도 대세에는 지장이 없다. 따라서 상황에 따른 소스 만들기와 조리법을 체득하고 있으면 어떤 요리도 겁내지 않고 할 수 있다.

10_ 남자가 나서라

캠핑요리는 남자가 잘 어울린다. 숯불을 다루는 일은 더욱 그렇다. 모닥불만 보면 남자들은 잠자던 야성의 본능이 깨어난다. 마치 수렵시대로 되돌아간 것처럼 모닥불을 피우고 그 위에 무엇인가를 굽고, 지져야 한다는 사명감에 사로잡힌다. 사실, 여성이 모닥불이나 숯불을 다루는 일이 쉽지는 않다. 그러나 이것이 남자가 요리하는 이유가 되어서는 안 된다. 캠핑장에서 가족을 위해 헌신하는 남자만큼 아름다운 모습도 드물다. 캠핑장에서는 앞치마를 두른 남자가 설거지통을 들고 취사장으로 향하는 모습이 전혀 낯설지 않다.

PART
2

직화

PREVIEW

불 피우기

캠핑요리의 중심은 바비큐다. 바비큐를 하기 위해서는 그릴에 불을 피워야 한다. 그러나 불 피우기는 직접적으로 화기를 다루는 일이라 항상 주의를 요한다. 캠핑장 안전사고 가운데 불을 피우다 화상을 입거나 화재가 발생하는 경우가 많은 것도 이 때문이다. 바비큐를 할 때는 열원에 안전하게 불을 붙이고, 요리를 마친 후에는 남은 불씨를 확실하게 꺼야 한다.

브리켓 불 피우기

❶ 침니 파이어 스타터에 브리켓을 넣는다. 연료의 양은 그릴의 규격에 맞춰 조절한다. 웨버 그릴 기준 지름 47cm는 브리켓이 40~50개, 37cm는 25~30개 정도 필요하다. 차콜 스타터에 불을 붙인다.

❷❸ 불이 붙은 차콜 스타터를 침니 파이어 스타터 아래에 놓는다. 차콜 스타터가 없으면 신문지를 이용해 불을 붙여도 된다. 이때 바닥에 불이 붙지 않게 주의한다. 가급적 그릴 위에 올려놓고 작업한다.

❹❺❻ 브리켓이 완전히 점화될 때까지 기다린다. 보통 10~15분 정도 소요된다.

❼ 침니 파이어 스타터의 손잡이를 잡고 그릴에 브리켓을 붓는다. 이때 브리켓이 밖으로 떨어지지 않도록 주의한다. 브리켓을 전체적으로 고르게 펴준 후 그 위에 석쇠를 올린다.

을 갖고 기다리는 게 좋다. 토치를 부탄가스와 연결해 사용할 경우에도 부탄가스 연료통과 침니 파이어 스타터 거리를 최대한 두고 작업해야 안전하다. 불 피우기는 반드시 실외에서 진행해야 한다. 텐트 안에서는 하면 안 된다.

숯탄 불 피우기

차콜 스타터와 침니 파이어 스타터가 없다면 숯탄을 이용할 수 있다. 숯탄은 라이터로도 쉽게 불을 붙일 수 있다. 숯탄이 안정적으로 불이 붙으면 주변에 브리켓이나 숯을 놓는다. 숯탄의 화력이면 쉽게 브리켓이나 숯에 불을 붙일 수 있다.

불 피울 때 화상주의

숯이나 브리켓은 쉽게 불이 붙지 않는다. 또 일부만 불이 붙으면 유해 가스가 발생할 수 있다. 완전히 착화가 된 후에 요리를 해야 한다. 이때 착화가 더디다고 가솔린이나 액체 연료를 붓는 경우가 있는데, 절대 그렇게 해서는 안 된다. 가연성 연료를 부으면 갑자기 큰 불꽃이 일어 큰 사고로 이어질 수 있다. 따라서 브리켓이나 숯에 불을 붙인 후에는 가급적 통풍이 잘 되는 곳에서 인내심

" 훈제요리 "

비어 치킨이나 통삼겹살 훈제요리를 할 때는 열원이 요리 재료와 직접 닿지 않게 한다. 가급적 브리켓을 그릴 양편으로 놓거나 아니면 한쪽으로 몰아 놓는다. 열원 위에 요리 재료가 있으면 쉽게 타버려 훈제를 기대할 수 없다. 열원과 요리 재료를 분리해 놓는 것과 함께 기름 받침대도 사용해야 한다. 기름이 떨어져 열원에 닿게 되면 연기가 많이 발생한다. 또 훈제 과정에서 요리 재료에 좋지 않은 향이 스미게 한다. 직화구이를 할 때 열원에 기름이 떨어지면 불꽃이 크게 일어날 수 있다. 이때는 그릴 뚜껑을 닫아준다. 불꽃은 산소가 부족하면 꺼진다. 훈제요리는 적정온도에서 긴시간 요리한다. 보통 1시간 이상 소요되기 때문에 식사 시간에 너무 늦지 않게 준비하는 것이 좋다. 훈제를 할 때 취향에 맞는 스모크 칩을 넣어주면 고기의 향이 더 살아난다. 그릴 내 온도가 높으면 브리켓을 빼고, 반대로 온도가 낮으면 브리켓을 보충해 준다.

산불's
러시아식 꼬치구이의 진수

샤슬릭

샤슬릭은 러시아식 꼬치구이입니다. 야채와 두툼하게 썬 돼지고기를 꼬치에 꽂아 숯불에 구워 먹는 재미가 좋습니다. 맛도 좋지만 피망과 파, 마늘 등 야채와 어우러져 보기도 좋습니다. 사전준비만 하면 캠핑장에서 손쉽게 해먹을 수 있습니다.

조리도구
화로대 or 그릴

요리재료
돼지고기(앞다리살), 마늘, 피망, 대파, 양파, 버섯 등

사전준비
고기와 야채는 꼬치구이에 적당한 크기로 미리 썰어 담아가면 편리합니다.

요리팁
야채는 꼬치에 꽂아도 깨지지 않을 만큼 큰 크기로 깍둑썰기를 해주세요. 육즙이 마르지 않도록 요리하는 게 비법이죠.

Recipe

❶ 고기와 야채를 깍둑썰기 해놓습니다. 고기는 후추와 소금으로 밑간을 합니다. 꼬치에 준비된 재료를 꽂습니다. 이때 야채와 고기를 적절히 섞어서 꽂습니다.

❷ 숯불 위에 준비된 꼬치를 올리고 돌려가면서 굽습니다. 야채가 타지 않도록 자주 돌려줍니다.

❸ 샤슬릭을 구울 때 물과 식초를 1:10의 비율로 타서 뿌려주면 육즙의 증발을 막고 고기의 잡냄새도 잡아줍니다. 병은 생수병 뚜껑에 구멍을 내서 사용하면 됩니다.

산불's
그릴 자국 달콤한

LA갈비구이

양념에 충분히 재운 LA갈비. 숯불에 직화로 구우면 입에서 살살 녹죠. 특히, 그릴에서 훈제와 직화를 병행해 고기를 구면 조리 시간도 짧고, 갈비에 숯불의 향이 배어 훈연을 한 것처럼 맛이 좋아집니다. 달콤한 양념이 스민 갈비 맛은 아이들을 휘어잡습니다.

조리도구
그릴 or 스킬렛

요리재료
LA갈비 800g, 양파 1/2개, 다진 마늘 2큰술, 사과 1/2개, 매실청 2큰술, 간장 5큰술, 참기름 1큰술, 물엿 약간

사전준비
LA갈비는 캠핑을 가기 전에 양념에 반나절 이상 재워 놓습니다.

요리팁
집에서 만들어서 아이스박스에 넣어 가면 캠핑장에서 편하겠죠? 너무 오랜 시간 요리하면 육즙이 빠져나가 맛이 없습니다!

Recipe

❶ 양파와 마늘, 사과 등을 적당한 크기로 썰어 믹서기로 갈아줍니다. 여기에 매실청과 간장, 참기름, 물엿을 넣어 양념을 만듭니다. 갈비는 찬물에 담가 핏물을 빼줍니다.

❷ 건져서 물기를 뺀 LA갈비에 분량대로 양념장을 넣습니다. 양념이 골고루 스며들도록 잘 묻혀줍니다. 지퍼백에 넣어 조물조물해서 재워두세요(여기까지는 집에서). 그릴 한쪽에 숯불을 담고, 석쇠가 달구어지면 LA갈비를 숯불이 있는 쪽에 올립니다. 취향에 따라 감자나 양파 등 채소를 곁들여도 좋습니다.

❸ 30초 후에 뒤집어 줍니다. 고기 표면에 석쇠 자국이 나면 됩니다. 30초 뒤에 LA갈비를 숯불이 없는 쪽으로 옮긴 후 그릴 뚜껑을 닫아 줍니다. 10분쯤 뒤면 요리가 완성됩니다. 그릴 자국 난 LA갈비예요. 맛있게 드세요.

소피's
우아한 캠핑장 성찬

등심 스테이크

자연 속 캠핑장에서 우아하게 칼질(?)을 해도 좋겠지요. 등심을 굽고, 가니쉬는 가져간 채소들로 준비했어요. 그냥 구워만 먹어도 맛있는 스테이크지만, 기왕 준비한 거 소스도 후다닥 만들어 얹었어요. 온 가족이 캠핑장에서 즐기는 우아한 식사. 토마토 소스 등심 스테이크예요.

조리도구
그릴 or 철판

요리재료
소고기 등심(스테이크용) 350g, 허브솔트 적당량, 애호박 1/4개, 가지 1/4개, 올리브 오일, 소금, 후추 약간, 소스(토마토 1/2개, 깐마늘 2톨, 올리브 오일 3큰술, 소금, 후춧가루 약간)

사전준비
밑손질은 따로 필요 없어요.

요리팁
그릴에 고기가 거의 다 익어갈 때쯤 소스를 준비해 주세요. 가니쉬는 고기 옆에다가 살짝 구워주고. 가지는 동글동글 도톰하게 썰어주었어요.

Recipe

❶ 애호박은 굵게 어슷썰어 줍니다. 썰어놓은 호박과 가지를 그릇에 넣고, 올리브 오일을 적당히 넣어줍니다. 후춧가루, 소금을 넣어 한데 버무려주어 잘 섞이게 해주세요.

❷ 우선 소고기에 허브솔트를 적당량 뿌려줍니다. 그냥 허브솔트로만 간단하게 밑간을 했어요. 쇠가 충분히 달궈지면 고기를 석쇠 위에 올립니다. 30초 뒤 고기를 뒤집어 줍니다. 석쇠자국이 선명합니다.

❸ 30초 뒤 고기를 브리켓이 없는 반대편으로 옮겨 놓습니다. 야채를 그릴의 고기 옆에 가지런히 올려줍니다. 고기와 채소들은 타지 않게 뒤집어주며 굽습니다. 고기는 5~10분이면 익습니다. 고기와 채소가 익어갈 때 쯤 프라이팬에 소스를 만듭니다. 토마토와 마늘을 썰어 넣고, 올리브 오일을 넣어 중불에서 볶습니다. 소금, 후추로 약하게 간을 해줍니다. 접시에 잘 구워진 스테이크를 놓고, 소스를 스테이크 위에 뿌려주면 완성입니다.

소피's
고소한 해물 바비큐

새우 버터구이

해물 바비큐 중에 빠지지 않는 것이 새우구이죠. 소금 팍팍 뿌려 그냥 구워도 맛있지만 버터 발라 구우니 더 고소해요. 근데 새우 이 녀석 껍질 발라주는 거 너무너무 귀찮아요. 그래서 그냥 쏙쏙 알아서 발라먹게 등을 갈라 구웠죠. 장만하기 좀 번거롭지만, 멋지고 맛있어 보람되는 요리랍니다.

조리도구
그릴 or 화로대

 요리재료
새우 20마리, 버터 적당량, 레몬 1개, 마늘 3쪽, 파슬리 가루 약간, 소금, 후추 약간, 고추 1개

 사전준비
새우 껍질이 단단해서 반으로 가를 땐 힘들어요. 그럴 땐 가위로 껍질을 잘라 준 후에 칼집을 넣어 보세요. 집에서 양념해서 비닐백에 넣어 가시면 간도 배고 편하기도 해요.

 요리팁
손질한 새우는 양념해서 비닐백에 30분 이상 재워두세요.

Recipe

❶ 새우는 머리를 떼어 내고, 깨끗이 씻어 등에 칼집을 냅니다. 껍질이 단단하니까 가위로 살짝 껍질을 잘라주면 편하게 손질할 수 있어요. 요렇게 칼집을 반만 넣어주세요. 반으로 갈라 평평하게 펴줍니다.

❷ 이렇게 새우 양념할 재료를 준비합니다. 버터는 실온에 두어 말랑말랑하게 해 두시구요. 마늘은 편썰어 준비해요. 레몬은 통으로 얇게 슬라이스해 줍니다. 빨간 고추도 동그랗게 썰어요. 손질한 새우와 준비한 재료들을 지퍼백에 넣고 소금, 후춧가루를 약간 넣은 뒤, 손으로 조물조물 주물러줍니다.

❸ 브리켓에 불을 붙여 그릴에 붓고, 간접구이로 새우를 잘 펴서 올려줍니다. 양념한 레몬도 같이 구워주세요. 그리고 새우는 살 부분부터 올려 굽다가 타지 않을 정도로 익으면 뒤집어 익혀줍니다. 요렇게 그릴 마크가 생겼네요. 새우는 금방 익으니 잘 지켜보세요. 또 익으면 껍질 색이 주황색으로 변하니 익는 걸 금방 알 수 있어요. 완성이에요. 정말 고소하고, 담백합니다.

산불's
입이 쩍 벌어지면 먹는

조개구이

캠핑의 낭만과 아주 잘 어울리는 요리죠. 화로대와 석쇠만 있으면 준비 끝! 화로에 굽는 재미와 입안에 착 감기는 짭조름한 조개 맛이 끝내줍니다. 해산물이라 물리지도 않아서 먹어도 먹어도 또 먹고 싶어집니다.

조리도구
화로대

요리재료
백합, 바지락, 가리비, 소라, 키조개 등 조개류

사전준비
캠핑장 가는 길에 조개를 구입해 갑니다. 캠핑장으로 직접 배달해주는 곳(형제수산 033-636-9797· www.jgmall.kr)도 있습니다.

요리팁
조개는 너무 오래 구우면 맛이 없어집니다. 조개가 입을 벌릴 때 육수가 빠져 나가지 않도록 해야 합니다.

Recipe

❶ 숯불을 피운 후 석쇠를 올려놓습니다. 조개를 적당량 올려 놓습니다. 조개가 입을 딱 벌리면 다 익은 것입니다. 이때 먹어야 육즙이 살아 있고, 조갯살도 맛이 납니다.

❷ 가리비는 입이 벌어지면서 조갯살이 위에 붙습니다. 입이 벌어지면 재빨리 반대 방향으로 뒤집어 육즙을 지켜야 합니다.

❸ 소라는 빨판이 위로 오도록 해야 육수의 손실을 막습니다. 초록빛 내장은 독이 있으니 먹지 않습니다.

산불's
야생의 맛으로 이끄는

닭구이

야생의 맛이 물씬 풍기는 직화구이 요리입니다. '불쇼'를 벌이는 삼겹살과 달리 껍질을 노릇노릇하게 구울 수 있습니다. 조리시간이 조금 길지만 고기가 타서 못 먹는 일은 없습니다. 생각보다 훨씬 맛있다는 것을 잊지 마세요.

 조리도구
화로대 or 그릴

 요리재료
볶음용 닭 1마리, 양파, 감자, 통마늘, 천일염, 후추

 사전준비
마트에서 볶음용 닭을 구입해 가면 됩니다.

Recipe

❶ 요리 30분 전에 굵은 소금과 후추로 밑간을 해 둡니다. 달구어진 석쇠에 고기를 올려놓습니다. 숯불은 중간 이상 센불이 되어야 요리가 잘 됩니다. 고기 주변에 감자와 양파 등 야채도 올립니다.

❷ 고기 표면이 타지 않게 뒤집어가며 골고루 익힙니다. 이때 굵은 소금을 넣은 올리브 오일을 발라주면 껍질이 바삭하게 익고 간도 잘 맞습니다.

❸ 닭고기는 돼지고기에 비해 천천히 익습니다. 조리시간도 1.5배 정도 더 걸립니다. 인내심을 갖고 완전히 익혀 먹는 게 좋습니다.

산불's
돼지와 고추장의 붉은 만남

고추장
불고기

돼지고기와 야채, 고추장만 있으면 누구나 쉽게 해먹을 수 있는 요리죠. 매콤한 고추장에 버무린 돼지고기와 직화구이 특유의 향이 어울려 별미입니다. 감자나 옥수수 양파를 같이 구워 먹으면 좋습니다.

 조리도구
화로대 or 철판

 요리재료
앞다리살(삼겹살) 800g, 양파, 마늘, 파, 고추장, 참기름

 사전준비
캠핑 가기 전에 고추장 양념에 재워 갑니다. 현장에서 양념을 해도 좋습니다.

Recipe

❶ 앞다리살(삼겹살)은 먹기 좋게 썰어 놓습니다. 고추장과 다진 마늘, 채 썬 양파와 파, 참기름을 넣고 고기를 재웁니다.

❷ 화로대에 불을 피운 후 석쇠를 올립니다. 석쇠가 달궈지면 고기를 골고루 펴서 올립니다. 고기는 자주 뒤집으면 육즙이 마릅니다. 한 쪽 면이 다 익으면 뒤집어서 굽습니다.

❸ 조리된 고기는 접시에 옮겨 담아 더 이상 타지 않도록 합니다. 고기가 식으면 석쇠에 살짝 데워 먹습니다.

챈서맘's
찰진 식감, 매콤한 바다향기

주꾸미 꼬치

캠핑장에서 매번 고기를 먹게 되는 게 안타까워서 준비했어요. 냉동 주꾸미이기는 하지만 야채와 어울리니 환상이에요. 즉석 양념 소스를 사용해 간편하게 준비할 수 있어 더욱 좋아요.

 조리도구
화로대 or 그릴

 요리재료
주꾸미 10마리, 닭볶음탕 소스 1병(소), 대파 2뿌리, 새송이버섯 1개

 사전준비
야채류는 깨끗이 씻어서 비닐백에 담아 준비했답니다. 주꾸미는 깨끗이 씻어서 양념소스를 발라 숙성시켜 준비해 주세요. 봄철 서해 쪽 캠핑장에 가면 더 맛난 주꾸미를 드실 수 있겠죠.

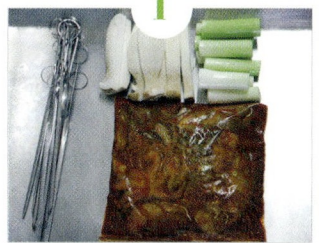

Recipe

❶ 주꾸미는 캠핑 하루 전날 닭볶음탕 양념 1/2을 넣어서 숙성시켜 주세요. 남은 양념은 구울 때 다시 발라줄 거랍니다.

❷ 꼬치대에 하루 숙성된 주꾸미, 대파, 새송이버섯을 잘 끼워주세요.

❸ 남은 닭볶음탕 소스를 발라가면서 타지 않게 골고루 뒤집어 가면서 구워주세요. 구우면서 먹으면 더 맛있어요.

산불's
캠핑장의 밥도둑

자반고등어

아주 간단하게 준비하는 저녁 밑반찬입니다. 너무 센 불에 구우면 석쇠에 눌어붙어 살점이 찢겨나갑니다. 중불에서 은근하게 구워내야 모양도 좋고 바싹하게 구울 수 있습니다.

 조리도구
그릴 or 프라이팬

 요리재료
자반고등어 한 손. 양념장(간장, 파, 마늘, 통깨)

 사전준비
자반고등어는 깨끗한 물에 씻어 갑니다. 양념장은 집에서 만들어 갑니다.

Recipe

❶ 자반고등어를 깨끗하게 씻어줍니다. 그릴에 불을 피웁니다. 석쇠가 달구어지면 껍질이 아래로 가게 고등어를 올립니다.

❷ 껍질이 노릇하게 익으면 뒤집어서 배쪽을 굽습니다. 고등어를 구울 때는 껍질부터 구워야 모양이 흐트러지지 않고, 육즙도 지킬 수 있습니다. 양념장에 찍어 먹으면 한결 맛이 삽니다.

PART
3

훈제

한박사's
바비큐 그릴 요리의 시작
통삼겹살 훈제

아마 한박사가 프라이드치킨 다음으로 많이 만들어 먹은 요리인 것 같아요. 웨버그릴에 입성하면 꼭 한 번 해 먹어야하는 요리이기도 하지요. 삼겹살을 불판 위에 직화구이로 먹다가 통삼겹 훈제 맛을 보고 나면 직화구이가 더 이상 먹고 싶어지지 않는 매력적인 맛이죠.

조리도구
그릴

 요리재료
통삼겹살 한판, 향신료(케이준 스파이스 믹스, 파슬리, 오레가노, 파프리카, 월계수 잎)

 사전준비
통삼겹살 한판 준비해 먹기 좋은 크기로 잘라주세요.

 요리팁
통삼겹살에 각종 향신료를 입혀서 숙성시키는 과정이 꼭 필요합니다. 간접 훈연제를 잊지 말고, 무엇보다 온도조절이 가장 중요합니다.

 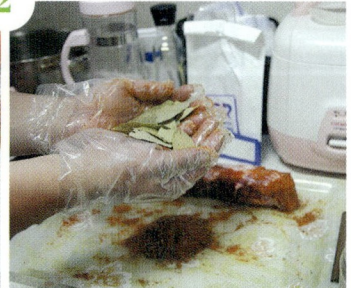

Recipe

❶ 통삼겹 한판을 구입해 적당한 크기로 자른 후 키친타월로 물기를 제거해줍니다. 보통 8~10토막 정도 생각하면 됩니다. 참, 통삼겹살 토막내실 때 칼 조심하세요. 물기를 제거한 통삼결살에 향신료가 깊숙이 침투할 수 있도록 칼집을 내주세요.

❷ 향신료를 준비합니다. 특별한 교본은 없습니다. 사람마다 입맛이 다 다르기 때문에 수백 수천 가지 향료 중에서 시행착오를 겪으며 나만의 향신료를 찾아가거나 믹스된 향신료 제품을 사용하는 방법 말고는 특별한 비법은 없습니다. 그 수많은 방법 중에 한박사가 주로 사용하는 방법은 케이준 스파이스라는 믹스된 향신료를 기본으로 파슬리, 오레가노, 파프리카를 첨가하고 월계수 잎으로 마무리 하는 것입니다. 준비된 향신료를 잘 섞어서 준비한 통삼겹 한 덩어리를 잘 버무린 후 월계수 잎을 손바닥으로 부셔셔 그 위에 마무리로 넣어주세요.

❸ 밀폐용기에 담아 냉장 보관 후 다음날 아침 캠핑장으로 챙겨가면 됩니다. 참, 향신료 시즈닝은 꼭 캠핑 출발 전 또는 바비큐하기 이틀 전에 작업해 주세요. 시즈닝이 3일 이상 되면 통삼겹이 너무 짜져서 고유의 맛을 내기가 힘듭니다.

요리팁 +

월계수 잎을 넣는 목적은 돼지 또는 닭의 잡냄새를 잡는 데 최고이기 때문입니다. 훈연칩은 바비큐 시작 전 물속에 미리 담가 놓으세요. 통상 30분~1시간 정도면 충분합니다. 훈연칩은 통삼겹 바비큐에 나무 향을 입혀 주는 역할을 합니다. 통삼겹살 속살이 빨강색인 이유는 고기가 안 익어서가 아니라 향신료가 속으로 스며들었기 때문이에요.

❹ 캠핑장에 도착해 통삼겹 바비큐를 준비합니다. 바비큐 그릴을 이용한 간접구이를 할 때 가장 중요한 것이 온도와 시간입니다. 온도계를 꼭 챙겨주세요. 그리고 그릴 내부에 쿠킹포일을 깔아주세요. 나중에 세척 문제가 간단히 해결됩니다. 또한 차콜 온도를 오랫동안 유지해주는 역할도 합니다. 차콜은 대략 20개 전후로 준비해 불을 피우세요. 뚜껑을 닫고 온도계를 꽂아 180도를 유지시킵니다. 250도까지 넘어가도 절대 당황하지 말고 위아래 불구멍을 막아서 180도까지 내려주세요.

❺ 온도가 180도로 세팅되면 시즈닝 된 통삼겹살을 비계 부분이 위로 보이게 올려놓으세요. 다시 뚜껑을 닫아 180도가 유지되고 있는지 확인하고 1시간 30분을 기다립니다. 온도 유지하면서 뚜껑 안 열고 한방에 가는 분들도 있는데, 저는 15분 단위로 뚜껑을 열어 통삼겹살 위치를 바꿔가면서 내용물을 확인합니다.

❻ 1시간 30분 경과하면 고기를 꺼내 별도로 은박지에 다시 포장해 레스팅(육즙이 골고루 퍼지도록 쉬는 시간) 한 후 먹으면 더 맛있어요. 시간이 없으면 바로 썰어 접시에 담으면 됩니다.

산불's
맥주의 부드러움을 닮은

비어 치킨

훈제요리의 상징처럼 된 요리죠. 그릴 구입자의 필수 도전 아이템입니다. TV 예능프로그램 '1박 2일'에서 이승기가 도전했다가 처절한 실패(?)를 맛본 요리이기도 하고요. 그러나 요리법은 간단합니다. 닭 한 마리가 서 있을 수 있는 큰 그릴과 숯불을 양쪽에 배치, 간접구이만 할 줄 알면 끝입니다.

조리도구
그릴

 요리재료
닭 한 마리, 캔맥주, 올리브 오일, 시즈닝, 훈연제

 사전준비
럽은 캠핑 가기 전에 미리 해둡니다.

 요리팁
럽은 해도 되고 안 해도 됩니다. 단, 맥주 캔 속에 럽을 넣어주면 속살에 간간한 맛이 배어듭니다. 럽을 하지 않은 경우 훈제를 하면서 소금과 로즈마리 등을 넣은 올리브 오일을 발라주면 껍질이 바삭바삭 해집니다.

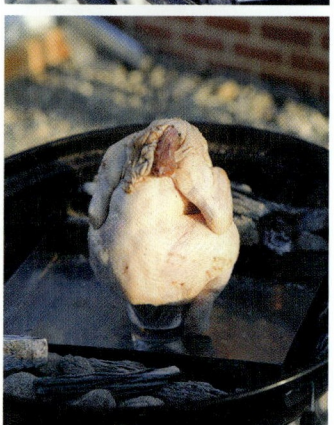

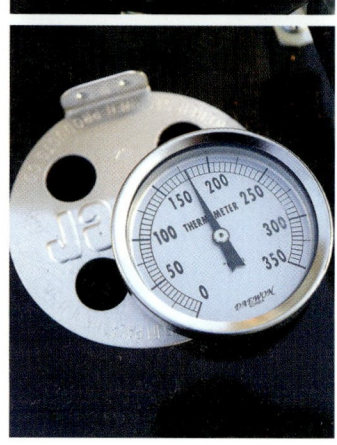

Recipe

❶ 닭을 맥주가 절반쯤 담긴 맥주캔에 꽂습니다. 그릴 바닥에 기름받이를 대고 좌우에 숯을 놓습니다. 기름받이 위에 맥주캔에 꽂은 닭을 올려놓습니다. 물에 불린 훈연칩을 숯 위에 올려놓습니다. 그릴 뚜껑을 닫아 내부 온도가 150도 이상을 유지할 수 있도록 합니다.

❷ 20~30분 간격으로 닭에 올리브 오일을 발라줍니다. 1시간 30분이면 완성입니다. 조리된 닭을 맥주캔에서 분리할 때 뜨거운 맥주로 인해 자칫 화상을 입을 수 있으니 주의해야 합니다.

산불's
그 이름만으로도 군침이 도는

전복 훈제

전복은 누구나 군침을 흘리는 해산물이죠. 회로 썰어 오독오독한 맛으로 먹어도 좋고, 훈제를 해서 단백하게 먹어도 좋죠. 전복을 훈제할 때 버터를 발라주면 고소한 맛이 더욱 살아납니다. 값이 비싼 탓에 양껏 먹을 수 없는 것이 아쉽지만, 그래서 더욱 오래 기억에 남습니다.

조리도구
더치오븐 or 그릴

 요리재료
전복 8마리, 버터, 훈연톱밥

 사전준비
전복은 살아 있는 활전복을 가져 갑니다.

 요리팁
전복에 두툼하게 칼집을 내서 버터 가 스며들게 합니다.

Recipe

❶ 전복에 십(+)자 모양의 칼집을 낸 후 그 위에 버터를 올립니다.

❷ 더치오븐에 포일을 깔고 그 위엔 훈연 톱밥을 얹습니다. 훈연톱밥 위에 트리벳을 넣고, 그 위에 전복을 올립니다.

❸ 더치오븐을 센불로 가열합니다. 훈연 톱밥이 타기 시작하면 더치오븐 뚜껑을 닫습니다. 뚜껑과 더치오븐 사이에는 산소가 공급되어 훈연 톱밥이 꺼지지 않도록 젓가락을 고여 놓습니다.

❹ 중불 이하로 줄여 10분쯤 요리합니다. 전복은 작은 것은 통째로, 큰 것은 두 번 썰어 드세요.

탱구리댕댕's
요리사의 정성이 느껴지는

연어 훈제

만드는 방법이 간단한데 비해 대접받는 사람들의 반응이 아주 좋은 요리에요. 요리사의 정성이 느껴진다나. 무엇보다 바비큐 하면 육식이라서 이제 조금 다른 것을 원하시는 분들도 많잖아요. 시더 그릴링 플랭크를 이용하면 또 다른 재미있는 바비큐의 세계가 펼쳐집니다.

조리도구
그릴

 요리재료
손질한 연어 2팩, 시더 그릴링 플랭크 1개, 레몬 1개, 로즈마리 조금, 허브솔트 약간

 사전준비
마트에서 연어를 먹기 좋게 손질해서 팔아요. 너무 큰 것은 부담이 가니 적당한 크기로 잘라진 냉동제품이 좋아요.

 요리팁
삼나무로 만들어진 시더 그릴링 플랭크를 물에 30여 분 담근 후에 사용해야 합니다. 시더 그릴링 플랭크는 평소에는 도마로 사용하다가 훈제 시에 활용하면 좋아요. 연어에 소금을 많이 뿌리면 짜니 조금 뿌리든지 생략해도 되겠습니다.

Recipe

❶ 시더 그릴링 플랭크를 물에 30분 이상 담가주세요. 차콜에 불을 붙이고 웨버 그릴에 달궈진 차콜을 올려주세요.

❷ 플랭크에 손질된 연어를 올린 후 허브솔트를 약간 뿌려줍니다. 그다음 레몬을 잘라서 올리고, 로즈마리도 한줄기씩 올려주세요. 준비된 플랭크를 그릴에 넣고 200도에서 40분 구워주세요 플랭크 밑 부분이 타면서 훈제 효과를 냅니다.

❸ 접시에 가니쉬로 야채를 올리고 잘 구워진 연어를 담은 다음 타르 소스를 뿌려주세요. 소스를 찍어서 맛있게 드시면 됩니다. 삼나무로 만들어진 플랭크가 살짝 타면서 훈연으로 맛있는 연어구이가 완성.

한박사's
첫째 딸이 좋아하는
데리야키 치킨 훈제

달달한 데리야키 소스와 5천만 국민이 사랑하는 치킨, 그리고 그윽한 훈연제 향이 만든 조화가 예술입니다. 여기에 맛있는 야채와 조금은 특별한 아스파라거스를 넣어 한 끼 식사로도 충분합니다. 이거 맛들이면 사먹는 치킨 못먹습니다.

조리도구
그릴 or 더치오븐

요리재료
닭볶음용 닭 1마리, 데리야키 소스 (종이컵 기준 간장 3/5컵, 올리고당 반 컵, 소주 또는 와인 1/2컵, 설탕 1/4컵, 물엿 1/4컵, 우스타 소스 1/4컵, 다진 마늘 한 큰술, 월계수 잎 한주먹), 아스파라거스, 파프리카, 통마늘

사전준비
싱싱한 닭을 준비해 하루 전날 데리야키 소스에 재워두고, 야채는 미리 씻어서 준비해주세요.

요리팁
닭은 온도에 아주 민감하니까 온도 유지에 꼭 신경써주세요.

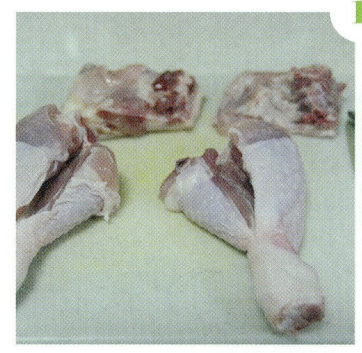

Recipe

❶ 집에서 미리 닭을 손질합니다. 찬물에 깨끗하게 씻은 후 망 위에 올려 물기를 빼주고, 닭다리 부분은 웬만해서는 잘 익지 않는 부분이기에 힘줄 부분을 뼈가 보일정도로 잘라 주세요. 데리야키 소스를 만들어주세요.

❷ 그릴에 은박지를 씌우고(은박지를 씌우는 이유는 사용 후 청소를 수월하게 하기 위함과 온도유지 때문입니다. 일반에서 차콜 수가 20개 필요하면 은박지 씌우면 15개만 사용해도 됩니다) 차콜을 넣어 내부 온도를 150도에 맞춰주세요. 훈연제(대추나무)를 넣고, 150도 온도에서 1시간 30분 동안 구워줍니다. 30분 간격으로 뒤집어주세요.

❸ 닭이 익는 동안 함께 먹을 야채를 준비해주세요. 몸에 좋은 야채를 올리브 오일과 함께 2분 정도 살짝 볶아주세요. 닭과 야채를 접시에 담으면 완성입니다. 밥과 함께 먹으면 훌륭한 한 끼 식사가 됩니다.

한박사's
러시아 대표 바비큐

샤슬릭 훈제

결혼 6주년 기념으로 아내를 위해 특별히 준비한 요리에요. 보통 직화구이로 하는 러시아 요리지만, 특별히 훈연제를 이용해 간접구이 했어요. 향이 그윽하고 뒷맛이 매우 강해 여운을 남깁니다. 모양도 먹기도 편해 남녀노소 누구나 좋아하는 매력 있는 요리! 꼭 도전해보세요.

조리도구
그릴

 요리재료
돼지목살 1kg, 레몬 1개, 방울토마토 수십알, 양파 2개(돼지고기와 야채의 비율을 1:1로 준비하세요), 소금, 후추, 월계수 잎, 아스파라거스, 피망

 사전준비
마트에서 돼지목살 구입할 때 '깍둑썰기로 썰어주세요'라고 꼭 말해주세요. 그리고 야채는 미리 씻어서 준비해 가면 편합니다.

 요리팁
온도조절이 매우 중요합니다. 낮은 온도에서 오랫동안 타지 않게 잘 구워주어야 합니다. 샤슬릭 총 요리시간은 150도 온도에서 1시간 15분. 30분 간격으로 한 번씩 방향을 뒤집어주세요.

1

2

3

Recipe

❶ 양파와 레몬을 얇게 썰고, 방울토마토는 반토막으로 자른 다음 고기와 섞어줍니다. 식성에 따라 소금과 후추를 넣어주세요. 잡냄새를 제거하기 위해 월계수 잎을 꼭 넣어주세요. 밀폐용기에 담아 냉장고에서 12시간 숙성시키면 준비 끝. 바비큐 그릴로 웨버47을 사용 중인데, 샤슬릭을 태우지 않고 하는 데는 웨버 케밥세트가 유용합니다.

❷ 차콜 바스켓을 양쪽으로 분리해 주세요. 바스켓은 없어도 됩니다. 중간에 기름받이를 놓고 거기에 약간의 물을 채웁니다. 필요에 따라 향신료를 넣어주세요. 미리 준비해 간 샤슬릭(돼지고기)을 꺼내서 냄비에 담아 다시 한 번 주물러주세요. 그리고 야채는 버리고 고기만 꼬치에 꽂아주세요. 돼지고기 1kg이면 꼬치 4개 정도가 나옵니다.

❸ 차콜에 불을 붙여 내부온도를 150도로 유지시킵니다. 온도가 150도쯤 유지 될 때 뚜껑을 열고 훈연칩(4개 정도)을 넣어주세요. 150도에서 뚜껑을 열어 훈연칩을 넣고 다시 뚜껑을 닫게 되면 순간 온도가 확 올라 가다가 10분 정도 후에 다시 150도 정도로 유지됩니다.

요리팁 +

케밥세트는 웨버47 이상의 그릴 사이즈에만 사용하실 수 있습니다. 고애니나 웨버37 등에서는 사용할 수 없어요.

❹ 온도가 150도를 유지하면 샤슬릭을 그릴 위에 올려 주세요. 30분 간격으로 꼬치를 뒤집어주세요. 뜨거우니 조심하세요.

❺ 기다리는 동안 베이컨말이를 준비합니다. 가래떡과 베이컨을 3등분 해주세요. 그다음 떡을 베이컨으로 돌돌 말아주세요. 베이컨말이와 피망을 번갈아 꼬치에 꽂아주세요. 1시간 15분이 지나 15분이 남았을 때 준비한 베이컨말이 꼬치를 넣어주세요.

❻ 기왕에 하는 거 샤슬릭과 함께 먹을 야채도 준비합니다. 고급 레스토랑에 가면 먹을 수 있는 아스파라거스가 메뉴에요. 올리브 오일을 프라이팬에 두르고 버섯, 파프리카, 아스파라거스를 살짝, 정말 살짝 딱 1분 30초 정도만 볶아주세요. 소금과 후추 조금씩 넣어주고. 샤슬릭과 야채를 접시에 담으면 완성입니다.

산불's
포도나무 훈연이 달콤한
닭날개 훈제

프라이드치킨에 길들여진 아이들 입맛까지 확실하게 사로잡는 요리입니다. 포도나무 훈연을 해주면 달콤한 맛이 입에 착 달라붙습니다. 한입에 쏙쏙 빼먹을 수 있어 먹기도 좋습니다. 훈제요리이지만 조리시간이 40분이면 충분해 기다리는 시간도 짧습니다.

조리도구
그릴 or 더치오븐

요리재료
닭날개 1팩(600g), 양파 1/2개, 다진 마늘 2큰술, 사과 1/2개, 매실청 1큰술, 간장 4큰술, 참기름 1큰술, 물엿 약간

사전준비
닭날개는 캠핑을 가기 전 양념에 반나절 이상 재워 놓습니다.

요리팁
소스에 설탕을 많이 첨가하면 달콤한 맛이 더 나 아이들이 좋아합니다. 바스팅(훈제 중 소스 발라주기)을 해주면 양념맛이 한결 더 살아납니다.

Recipe

❶ 양파와 마늘, 사과 등을 적당한 크기로 썰어 믹서기로 갈아줍니다. 여기에 매실청과 간장, 참기름, 물엿을 넣어 양념을 만듭니다. 닭날개를 양념에 재워 지퍼백에 담아둡니다. 그릴 한쪽에 숯불을 피우고, 숯불 위에 물에 충분히 불린 훈연칩을 올립니다. 숯불 반대편에 닭날개를 가지런하게 올리고, 그릴 뚜껑을 닫아줍니다.

❷ 20분이 경과하면 닭날개를 반대 방향으로 뒤집어줍니다. 뒤집은 고기 위에 남은 소스를 발라줍니다. 10분 뒤 반대 방향으로 뒤집어 바스팅을 한 번 더 해줍니다. 고기가 뼈에서 쏙쏙 발라지면 다 익은 것입니다.

❸ 40분이 경과하면 요리가 완성됩니다. 완성된 닭날개 훈연구이예요. 취향에 따라 머스타드 소스를 곁들여 드시면 더 맛있어요.

산불's
닭다리 전쟁은 그만

닭다리 훈제

닭 한 마리 주문하면 단 2개뿐인 닭다리를 아들이 차지하는 관계로 우리 가족들은 닭다리 맛보기가 어려워요. 그래서 아예 닭다리만 골라 먹기로 했어요. 훈연칩을 넣어 더욱 향긋하고 보드라운 닭다리. 주저하지 말고, 닭다리 하나씩 용감하게 차지하세요.

조리도구
그릴 or 더치오븐

 요리재료
닭북채 1팩, 소금, 후추, 올리브 오일, 파슬리 가루 약간, 훈연칩 적당량

 사전준비
닭고기는 미리 럽을 해서 비닐백에 넣어 가면 캠핑장에서 편해요.

 요리팁
천천히, 그릴 위에서 간접구이로 구우며, 올리브 오일을 덧발라 주세요.

Recipe

❶ 재료를 준비해주세요. 그릴에 불붙인 브리켓을 한 쪽으로 놓고, 기름받이를 옆에 놓습니다. 훈연칩도 올려주세요. 훈연칩은 포도나무를 사용했답니다.

❷ 불이 없는 쪽으로 닭다리를 올려줍니다. 살집이 두터운 부위에 칼집을 두어 번 넣어주면 더 잘 익어요. 그릴 뚜껑을 덮어줍니다. 중간중간 고기가 골고루 익을 수 있게 돌려서 구워줍니다.

❸ 올리브 오일, 소금, 후춧가루를 넣고 섞어서 붓으로 발라줍니다. 노릇노릇 구워지면 드세요. 파슬리 가루를 살짝 뿌려 내셔도 되구요. 올리브 오일에 파슬리 가루를 섞어 발라주셔도 좋아요.

소피's
넉넉하게 준비해야 싸움 안 나는

닭봉 훈제

닭고기 요리에서 빠질 수 없는 메뉴, 닭봉구이에요. 손에 들고 하나씩 먹다보면 자꾸자꾸 손이 가요. 양념에 재워 그릴에 올려놓고 굽다가 남은 양념 살짝 살짝 발라 구워주면 부드럽고 맛있어요. 한 접시 비워내는 건 일도 아니죠. 그러니 꼭 넉넉하게 준비하세요.

조리도구
그릴 or 더치오븐

요리재료
닭봉 1팩, 간장 3큰술, 다진 마늘 1큰술, 물엿 1큰술, 후추 약간, 허브 약간

사전준비
닭봉을 씻어 양념에 재운 후 비닐백에 넣어가세요. 캠핑장에서 양념에 재워도 괜찮아요.

요리팁
간장 양념을 발라가며 타지 않게 잘 뒤집어 주세요.

Recipe

❶ 재료입니다. 깨끗이 씻은 닭봉에 후춧가루를 넣어줍니다.

❷ 간장 양념을 만들어줍니다. 간장에 다진 마늘을 넣고요. 물엿도 넣어줍니다. 양념을 닭봉에 붓고, 잘 섞이도록 주물러 주세요.

❸ 비닐백에 넣어 주물러주고, 30분 정도 재워둡니다. 그릴에 불을 넣고, 그 옆에 기름받이를 놓습니다. 간접구이로 닭봉을 올려주세요.

❹ 남은 양념을 붓으로 발라가며 노릇노릇 구워줍니다. 골고루 익도록 돌려가며 구워주세요. 150도에서 1시간 내외면 충분해요. 완성입니다. 그릇에 담고 파슬리 가루를 뿌려냅니다.

소피's
된장 없으면 쌈장으로

쌈장목살 훈제

돼지고기 통목살을 그릴에 구웠어요. 돼지고기의 잡내도 없애고, 고기를 연하게 하려고 된장소스를 발라 구울 참이었는데, 된장이 없더군요. 그때 눈에 띈 것이 쌈장. 쌈장옷을 입혀주었더니, 아, 글쎄 이 녀석에게서 그럴싸한 향기가 나더군요. 뭐, 이것저것 필요없이 하나만 발라주세요. 지조있게요.

조리도구
그릴 or 더치오븐

요리재료
돼지고기 통목살 한 덩어리, 쌈장 1통

사전준비
돼지고기와 쌈장은 마트에서 파는 그대로.

요리팁
쌈장을 정성껏 발라주세요.

Recipe

❶ 돼지고기 통목살 한 덩어리를 반으로 잘라 준비합니다. 고기에 아무 것도 하지 않았어요. 그냥 쌈장을 정성껏 꼼꼼히 골고루 발라줍니다.

❷ 쌈장옷을 입힌 돼지고기를 비닐백에 넣어 30분 이상 재워둡니다. 그릴에 불붙은 브리켓을 한 쪽으로 넣고, 그 옆에 기름받이를 준비해 주세요. 간접구이로 쌈장 바른 고기를 얹어줍니다.

❸ 뚜껑을 닫고 기다려줍니다. 그릴 온도 150도 이상, 심부온도 70도 이상이면 충분해요. 색이 점점 짙어지고 있네요. 1시간 10분 정도면 완성이에요. 적당히 간도 배이고, 보들보들 맛있답니다.

산불's
훈제 요리의 품격을 보여주는

돼지 등갈비 훈제

훈제 요리의 백미 가운데 하나죠. 한 번 삶아 요리하는 패밀리 레스토랑 등갈비와 달리 처음부터 훈제로 요리해 맛이 특별합니다. 달콤한 맛을 좋아한다면 데리야키 소스를 이용해 바비큐 럽을 만들어 숙성하는 것도 좋습니다.

조리도구
그릴

요리재료
등갈비 600g, 감자 2개, 호박 1개, 피망 2개, 바비큐 럽

사전준비
등갈비는 찬물에 한두 시간 담가 핏물을 빼줍니다. 간장 베이스에 설탕, 후추, 다진 마늘, 참기름 등을 넣어 소스를 만든 다음 최소 하루 이상 재워둡니다.

Recipe

❶ 소금과 설탕, 다진 마늘, 참기름, 파슬리를 넣어서 바비큐 럽을 만듭니다. 등갈비는 찬 물에 담가 핏물을 뺍니다. 등갈비에 바비큐 럽을 골고루 발라준 뒤 지퍼백에 담아 24시간 냉장 보관합니다.

❷ 그릴 속에 달구어진 브리켓을 넣고 내부 온도가 150도를 유지하게 1시간 10분쯤 훈제합니다. 온도가 150도 이하로 내려가면 브리켓을 더 넣어줍니다. 훈제 중간 중간 올리브 오일을 발라줍니다.

산불's
나비처럼 날아가는
오리 훈제

껍질이 바삭바삭한 베이징덕. 한 번 먹어본 이들은 그 맛을 잊지 못하죠. 캠핑장에서 해먹는 오리 훈제도 뒤지지 않습니다. 기름기가 쏙 빠진 담백한 오리 훈제에 향이 좋은 중국술을 곁들이면 산해진미가 안 부럽습니다.

조리도구
그릴 or 더치오븐

요리재료
오리 1마리, 양파, 럽(소금·후추·로즈마리·파슬리·강황), 훈연칩

사전준비
오리는 잘 씻은 후 키친타월로 물기를 닦습니다. 준비한 럽을 골고루 바른 후 지퍼백에 넣어 둡니다.

Recipe

❶ 물에 충분히 불린 훈연칩을 올려놓습니다. 숯불이 닿지 않는 쪽에 준비한 오리와 양파를 올립니다.

❷ 그릴 뚜껑을 닫은 후 온도가 150도 이상 지속되게 합니다.

❸ 30분 간격으로 올리브 오일을 발라줍니다.

❹ 1시간 30분(가금류는 심도 온도 85도 이상)이 경과하면 요리가 완성됩니다.

PART
4

더치오븐

PREVIEW

더치오븐

더치오븐은 캠핑 마니아라면 누구나 탐내는 특별한 냄비다. 미국 서부개척시대 네덜란드계 이민자가 들여와 더치오븐Dutch Oven이란 이름을 얻었는데, 이 오븐만 잘 활용하면 아주 특별한 캠핑요리를 만들 수 있다.

더치오븐은 무쇠(주철)로 만들어져 아주 무겁다. 지름이 30cm인 더치오븐 무게는 10kg이나 된다. 따라서 더치오븐을 사용하려면 별도의 거치대가 필요하기도 하다. 또 뚜껑을 들 때도 도구를 사용해야 한다. 이처럼 무겁고 거추장스러운데도 불구하고 더치오븐이 인기를 끄는 이유는 일당백의 요리를 감당하기 때문. 그야말로 '만능냄비'라 할 수 있다. 열전도성이 낮은 주철로 만들어진 더치오븐은 계속 가열해도 음식물이 잘 타지 않는다. 이 때문에 물 한 방울 넣지 않고 닭백숙 같은 무수분 요리도 할 수 있다. 또 무거운 뚜껑이 확실하게 밀폐해 주기 때문에 압력솥과 같은 효과를 낸다. 더치오븐만 있으면 익히고, 찌고, 굽고, 볶는 대부분의 요리가 가능하다.

더치오븐은 튼튼하기 때문에 화로나 스토브 등 모든 열원을 사용할 수 있는 게 장점이다. 화로의 장작불로 달궈도 되고, 캠핑 스토브를 이용해도 된다. 또한 뚜껑 위에 달구어진 브리켓을 올려서 요리해도 된다.

더치오븐 사용법

더치오븐을 만능 조리기구로 사용하려면 처음부터 특별한 손질이 필요하다. 또한 더치오븐을 사용한 후에도 세척과 보관 등에 세심한 주의를 기울여야 오래 쓸 수 있다.

길들이기

더치오븐은 출하될 때 녹 방지를 위해 왁스를 칠해 놓는다. 따라서 처음 오븐을 사용할 때 이 피막을 벗겨낸 뒤 깨끗한 기름이 충분히 스며들도록 만들어야 한다. 이 과정을 길들이기라 한다.

길들이기를 할 때는 ❶ 우선 더치오븐을 따뜻한 물에 적신 수세미로 깨끗이 씻어낸다. 이때 세재를 사용하면 안 된다. ❷ 키친타월로 물기를 닦아낸 후 오븐의 안과 밖, 뚜껑에 올리브 오일을 구석구석 발라준다. ❸ 더치오븐을 약한 불에서 1시간 정도 가열한다. 실내라면 오븐에 넣고 180도 온도로 1시간 정도 가열한다. 이때 오일이 타면서 연기가 나는데, 연기가 나지 않을 때까지 가열해 줘야 한다. ❹ 가열을 마친 후에는 자연스럽게 식힌다. ❺ 더치오븐이 식으면 주철 특유의 냄새를 제거해야 한다. 더치오븐에 기름을 두르고 파나 양파처럼 향이 강한 야채를 볶아낸 후 남은 기름은 키친타월로 닦아낸다. 위의 과정을 2~3회 반복한다. ❻ 마지막으로 한 번 더 올리브 오일을 전체적으로 발라준 뒤 연기가 나지 않을 때까지 가열한다. 그런 다음 남은 오일을 키친타월로 닦아내면 길들이기가 끝난다.

가열하기

야채 볶아내기

손질과 보관

더치오븐은 길들이기 과정을 통해 오일로 코팅을 했기 때문에 설거지를 할 때 세제를 사용하면 안 된다. 더치오븐을 오래 사용하려면 오븐 내에 음식물이 남지 않게 한다. 또 가급적 음식이 식기 전에 먹는다. 음식물이 식으면 산화가 시작돼 녹이 생기는 원인이 된다. 음식을 먹고 나면 더운 물에 담가 남아 있는 찌꺼기가 자연스럽게 불어서 떨어지게 한다. 만약 음식물이 눌어붙은 경우 나무주걱으로 부드럽게 긁어낸다. 그래도 남는 찌꺼기는 더치오븐을 불로 가열해 태워버린다. 깨끗하게 닦은 더치오븐은 뜨겁게 가열해 전체적으로 오일을 한 번 발라준 뒤 자연스럽게 식힌다. 더치오븐 보관 시에도 습기로 인해 녹이 슬지 않도록 주의해야 한다. 더치오븐이 마른 상태에서 통풍이 잘 되게 보관한다.

주걱으로 긁어내기

말리기

" 더치오븐 주변도구 "

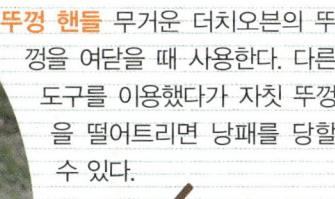

뚜껑 핸들 무거운 더치오븐의 뚜껑을 여닫을 때 사용한다. 다른 도구를 이용했다가 자칫 뚜껑을 떨어트리면 낭패를 당할 수 있다.

오븐 받침대 더치오븐을 테이블 위에 올려놓을 때 사용한다. 달궈진 더치오븐을 받침대 없이 놓으면 자칫 테이블에 달라붙을 수도 있다.

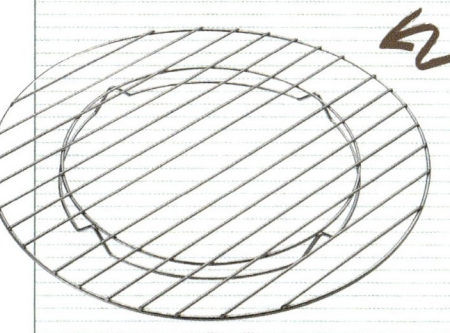

스테인리스 플레이트 더치오븐 내에 음식물을 올려놓고 조리할 때 필요하다. 또 뚜껑 위에 플레이트를 설치한 후 달구어진 브리켓을 놓으면 치울 때 용이하다.

오븐 걸이 더치오븐을 걸고 요리할 때 필요하다. 육중한 더치오븐의 무게를 지탱할 수 있는 튼튼한 다리, 더치오븐을 거는 고리, 숯이나 브리켓, 장작을 이용해 가열할 수 있는 받침대로 구성됐다.

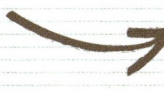

한박사's
더치오븐의 예술

로스트 치킨

마술상자라 불리는 더치오븐을 구입하면 꼭 도전하는 요리 중 하나. 맛을 보는 순간 그동안 먹었던 통닭들이 꼬리를 내리지요. 더치오븐 속에 들어갔다 나오면 모든 게 호텔요리. 시즈닝이 불편하기도 하지만, 반대로 애착을 갖게 만드는 게 더치오븐 요리에요. 도전해 보시길.

조리도구
더치오븐

 요리재료
감자 4개, 양파 2개, 당근 1개, 피망 또는 파프리카 1개(없어도 그만), 옥수수, 호박, 고구마 등 냉장고에 남아도는 야채류 몽땅. 소시지 5줄, 마늘 20알, 10호 닭(10호=1kg), 각종 향신료들(취향에 따라 준비), 훈연톱밥(참나무 향)

 사전준비
야채류는 찬물에 씻어 밀폐 용기에 담고, 닭은 흐르는 물에 씻어서 차가운 아이스박스에 담아 갑니다.

 요리팁
더치오븐, 웨버 등 바비큐 요리의 핵심 포인트는 온도와 시간이에요. 총 요리시간을 머릿속에 정리해(예를 들어 1시간 30분) 화력을 강, 약, 약 또는 약, 강, 약 등으로 30분단위로 조절해 주며 온도를 150도가 넘어가지 않도록 유지시켜 주는 게 중요합니다.

Recipe

❶ 우선 닭 냄새를 잡아야 합니다. 닭 냄새 잡을 때는 우유와 월계수 잎이 최고죠. 순서대로 살펴보면 생닭을 깨끗한 물(가급적 흐르는 물)에 씻어 키친타월을 이용해 말린 후 우유 속에 30분 정도 담가요. 이때 월계수 잎을 가루로 부수어 넣으세요. 부스러기가 싫으면 통째로 넣어도 됩니다. 더치오븐 안에 원하는 훈연칩을 넣어주세요. 훈연칩은 사용하기 전에 2~3시간 정도 찬물에 담가 놓는 게 좋아요. 참고로 치킨은 참나무, 돼지목살로 만드는 샤슬릭은 포도나무, 통삼겹 바비큐는 벚나무 또는 대추나무가 어울려요.

❷ 준비된 닭에 시즈닝을 합니다. 요즘은 혼합된 제품이 나와서 많이 편리해졌어요. 예전에는 마늘가루, 양파가루, 로즈마리, 칠리, 바실, 오레가노, 파슬리 등 수백 가지 향신료를 취향에 맞게 섞어서 시즈닝을 했어요. 시즈닝이 잘 되도록 닭 겉 표면을 칼로 사정없이 찔러주세요. 닭 속에는 취향에 따라 생마늘, 빵(식빵 말린 것), 베이컨, 해산물 등을 넣으면 됩니다. 다른 것 없이 생마늘만 넣어도 좋아요.

❸ 시즈닝 가루를 예쁘게 겉과 속에 잘 버무려주세요. 최소한 1~2시간 정도는 비닐봉지 속에 넣어서 냉장 숙성해 주어야 좋아요. 급하면 시즈닝 후 바로 더치오븐 속으로 투입해도 무방합니다. 1차 준비가 끝

요리팁 +

보통 훈연톱밥을 많이 사용하는데, 없을 때는 그냥 훈연칩을 작게 잘라서 사용하면 됩니다. 뚜껑 위에 브리켓(숯)을 올릴 경우 아래 밑불과의 거리를 삼각대 등을 이용해 조절해 가며 온도를 유지해야 하는데, 10년 이상 바비큐를 한 저에게도 만만치 않은 과정입니다. 다른 건 몰라도 양파만큼은 꼭 준비하면 좋아요. 촉촉하고 달달한 것이 로스트치킨과는 환상 궁합입니다.

났으면 불을 최대로 높이세요. 30분, 정확하게 30분 동안 뚜껑을 열지 말고 그대로 두세요. 더치오븐 요리 만들기 책자에 보면 더치오븐 뚜껑 위에 브리켓(숯)을 놓으라고 하는데, 그건 진짜 고수들이 더치오븐 온도 조절에 자신 있기 때문에 하는 행동이에요. 내부온도를 150도로 유지하기 위해서는 아래 밑불만으로도 충분합니다.

④ 센불에 30분이 지나면 치킨을 뒤집어주세요. 그리고 불을 약하게 하고 다시 뚜껑을 닫고 30분을 기다립니다. 그 동안 각종 야채류나 치킨과 함께 먹을 부재료(더치오븐 속으로 풍덩할 녀석들)를 준비해요.

⑤ 마지막으로 다시 정리하면 센불에 30분, 닭 뒤집고 약한 불에 30분, 닭은 뒤집지 말고 야채만 투입한 뒤 약한 불에 다시 30분. 총 1시간 30분이 경과되면 완성! 겉은 바싹하고, 속은 말랑말랑해서 많은 이들이 좋아하는 음식이 완성됩니다. 꼭 도전해 보세요.

소피's
기름기 쏘옥 뺀

삼겹살 수육

어디서든 빠지지 않는 고기 요리. 직화구이나 그릴도 기름지긴 마찬가지죠. 하지만 다이어트 걱정 없이 맘 놓고 먹을 수 있는, 기름기 쏙 빠진 돼지고기 삼겹살 수육. 물 한 방울 없이 기름기 쏘옥 빼고, 담백함과 고소함을 더할 수 있는 매력 덩어리 요리입니다.

조리도구
더치오븐

요리재료
돼지고기 통삼겹살 1kg, 맥주 1컵, 청주 1/2컵, 매실액 2큰술, 통후추, 통마늘, 월계수 잎, 말린 로즈마리 적당량, 대파(크고 통통한 것) 2뿌리. 쌈장과 쌈채소는 취향에 따라 곁들이세요.

사전준비
향신료들은 비닐백에 한꺼번에 넣어 가면 캠핑장에서 쓰기 편해요. 청주가 없으면 소주로 대신하세요.

요리팁
불조절과 느긋한 기다림이 포인트! 센불에서 익히다 김이 나면 중불, 약불로 불을 줄여 줍니다. 매실액은 돼지고기 요리에 좋아요. 잡냄새도 잡아주고, 고기를 부드럽게 해줍니다.

Recipe

❶ 더치오븐을 예열하고 포일을 두 겹 깔아줍니다. 대파를 손가락 길이로 썰어 바닥에 깔아줍니다. 통삼겹살을 그 위에 올려 담습니다.

❷ 통마늘을 넣어주세요. 말린 로즈마리와 월계수 잎을 넣어주세요. 통후추를 넣어주세요. 맥주, 청주, 매실액 섞은 것을 부어 뚜껑을 덮고, 센불에서 끓여줍니다. 김이 나기 시작하면 중간불로 줄였다가 다시 약불로 조절해 주세요. 약불에서 서서히 조리해 주세요. 더 부드러워 진답니다.

❸ 쌈채소와 쌈장을 취향에 따라 곁들여 드세요. 전 속배추를 좋아라 합니다. 아삭아삭.

산불's
프랑스 레스토랑을 캠핑장으로

감자 파르시르

감자와 호박 등 야채 속을 긁어낸 후 다시 고기와 야채를 채워 만드는 요리 파르시르. 프랑스 레스토랑에서나 맛볼 수 있는 고급 요리죠. 하지만 캠핑장에서도 충분히 도전할 만하죠. 보통 감자 파르시르를 대접받는 이들은 눈이 동그레지죠. 그맛에 요리하는 것 아닐까요?

조리도구
더치오븐 or 코펠

요리재료
통감자 4개, 돼지고기 200g, 피망, 팽이버섯, 피자용 치즈

사전준비
감자는 굵고 모양이 좋고, 껍질에 흠집이 없는 것으로 삽니다. 재료 손질은 캠핑장에서 합니다.

요리팁
감자 껍질이 찢어지지 않도록 속을 파내는 게 기술입니다. 감자는 충분히 익혀야 속이 잘 파집니다. 화이트 와인과 곁들여 식탁을 차리면 분위기가 더 살아납니다.

Recipe

❶ 감자를 더치오븐에 삶습니다. 감자가 익는 동안 돼지고기는 잘게 다져 놓고, 소금과 후추로 밑간을 합니다. 피망과 팽이버섯도 잘게 다져 놓습니다.

❷ 다진 돼지고기와 피망, 팽이버섯은 올리브 오일을 넣고 볶아놓습니다.

❸ 삶은 감자를 꺼내 식힌 뒤 뾰족한 부분을 숟가락이 들어갈 만큼의 크기로 잘라냅니다. 작은술을 이용해 감자를 긁어냅니다. 이때 감자 껍질이 찢어지지 않게 조심해야 합니다. 파낸 감자와 볶아둔 돼지고기, 야채를 버무립니다. 버무린 감자와 돼지고기를 감자 속에 넣습니다. 소를 꽉 채운 후 맨 위에 치즈로 토핑을 얹습니다. 뜨겁게 달군 더치오븐 속에 감자를 넣고 5분쯤 기다리면 완성입니다.

한박사's
더치오븐이 부리는 마술

돼지갈비찜

요리 이름만으로 기겁을 하는 분들이 있겠죠. '내가 어떻게 돼지갈비찜을 만들어?' 그냥 넘기지 마세요. 재료준비만 철저히 하면 얼마든지 멋진 요리사가 됩니다. 마술 같은 더치오븐이 알아서 다 해주니까요. 도전해보세요!

조리도구
더치오븐 or 프라이팬

요리재료
갈비찜용 돼지고기 1kg, 파인애플과 양파 2개, 파 1단, 대추 10알, 마늘 10알, 버섯 한 팩, 청양고추 5개, 당근 2개, 감자 5알, 무 반토막(매우 중요), 갈비찜 소스(간장 4컵, 다진 마늘 반 컵, 다진 생강 반 컵, 설탕 반 컵, 미림 반 컵, 후추 1/4컵, 물엿 반 컵)

사전준비
고기는 갈비찜용으로 구입하고, 야채는 미리 손질해 담아가면 편하겠지요.

요리팁
돼지갈비찜의 핵심 포인트는 생강과 파인애플을 꼭 넣어주는 것입니다.

1

2

3

Recipe

❶ 돼지 핏물을 빼주세요. 찬물에 30분에서 1시간 정도만 담가두면 됩니다. 그리고 잡냄새 제거를 위해 월계수 잎을 넣어주고, 갈비찜 소스를 만듭니다. 종이컵 기준으로 작성했어요. 한 컵은 2/3 정도 채운 분량을 말합니다. 간장 4컵, 다진 마늘 반 컵, 다진 생강 반 컵(매우 중요해요), 설탕 반 컵, 미림 반 컵, 후추 1/4컵, 물엿 반 컵을 잘 섞어주세요.

❷ 재료와 소스가 준비 됐으면 토치를 이용해 더치오븐을 살균해주세요. 고기와 소스를 넣고 잘 저어준 후 뚜껑을 닫고 센불로 끓여줍니다. 이 요리 시간은 센불에서 30분, 약불에서 30분입니다.

❸ 30분이 지나면 준비한 야채(버섯은 제외)를 자르지 말고 통째로 넣어주세요. 육수가 줄어 있으면 종이컵으로 5컵 정도 물을 더 채워주세요. 이때부터 불을 약하게 해주세요. 완성되기 10분 전에 파인애플과 버섯을 넣고 잘 섞이도록 저어주세요. 버섯이 말랑말랑해질 때까지 살짝 졸여주세요.

한박사's
쇠한 기운 북돋아 주는

녹두삼계탕

삼계탕 속으로 찹쌀만 넣어 먹었는데요, 녹두를 한 번 넣어보세요. 별미가 됩니다. 재료만 제대로 준비하면 조리과정도 참으로 간단합니다. 무엇보다 녹두삼계탕 먹고 나면 시호크 고무보트도 기계 펌프 없이 맨 입으로 불어넣는 힘이 생깁니다. 기운 없을 때 일단 잡숴봐.

조리도구
더치오븐 or 코펠

 요리재료
생닭, 양파, 마늘(필수), 고추, 감자, 호박, 당근, 버섯

 사전준비
캠핑 하루 전 신선한 생닭을 사서 깨끗하게 씻은 후 잡냄새를 없애기 위해 월계수 잎과 함께 보관해둡니다. 야채는 미리 손질해 갑니다. 찹쌀과 녹두를 1:1 비율로 섞어 물에 불려 놓으세요.(조리 전 6시간 이상 불리세요)

 요리팁
녹두삼계탕의 핵심인 녹두가 잘 익도록 푹 삶아주는 게 관건입니다. 냄새 제거를 위해 소주도 2잔 정도 부어주세요.

Recipe

❶ 더치오븐을 토치로 예열해줍니다. 더치오븐에 2리터 정도의 물과 함께 준비한 닭을 넣어주세요. 양파, 마늘, 대파, 고추 등도 썰지 말고 통째로 넣어주세요.

❷ 센불에서 40분을 끓입니다. 닭이 다 익으면 건져서 맛있게 먹으면 되겠습니다. 함께 넣었던 야채도 다 건져내주세요.

❸ 이제부터 닭죽을 끓입니다. 미리 불려놓은(최소 6시간 이상) 찹쌀과 녹두(1:1 비율)를 넣습니다. 닭죽용으로 잘게 잘라놓은 야채도 같이 넣어줍니다. 더치오븐에서 김이 나오기 시작하면 15분 정도 더 끓여줍니다.

❹ 그릇에 담고 식성에 따라 소금과 후추를 더해주면 완성입니다. 닭보다 닭죽이 더 맛있어요.

지그재그's
치킨보다 간단한

안동찜닭

안동 구시장 닭 골목 상인들이 치킨점에 대응하기 위해 새로운 맛을 찾다가 개발한 퓨전요리가 안동찜닭입니다. 닭의 단백질과 함께 다양한 채소에 함유된 비타민 등 각종 영양소가 어우러져 맛도 영양도 좋아요.

조리도구
코펠 or 더치오븐

 요리재료
당면, 안동찜닭 소스 1봉, 닭(600g), 물(300ml), 청양고추 2개, 홍고추 1개, 대파 2개, 양파 1개, 감자 1개, 고구마 1개, 시금치

 사전준비
닭은 깨끗이 씻은 후 적당한 크기로 잘라 차갑게 보관하고, 채소 등은 깨끗이 씻어서 적당한 크기로 잘라 밀폐용기 등에 담아가면 캠핑장에서 간단하게 요리할 수 있어요.

 요리팁
당면을 요리 전에 미리 불려두면 제맛을 냅니다. 시중에 판매 중인 안동찜닭 소스를 잘 활용하면 간단하게 맛을 낼 수 있어요.

Recipe

❶ 당면을 따뜻한 물에 불려주세요. 닭을 먼저 삶아요. 센불로 끓이고, 끓어오르면 뚜껑을 덮고 중불로 줄여주세요. 소스와 함께 캐러멜 소스를 넣어주면 더욱 달콤해집니다.

❷ 닭 삶는 물이 적당히 졸면 먼저 감자, 양파, 고구마를 넣어주세요. 고구마가 부드러워지면 당면을 넣어요. 당면이 익으면 고추와 대파를 넣고 잠깐 더 끓입니다.

❸ 마지막으로 시금치를 한 줌 정도 넣어주고 조금 더 끓이면 완성!

산불's
손쉽게 만드는 고급진 요리

닭도리탕

적당한 국물과 든든한 고기가 함께 있어 저녁 메인요리나 술안주로 최고죠. 조리과정도 어렵지 않아 누구나 도전할 수 있습니다. 국물을 많이 잡으면 맛이 떨어집니다. 국물이 자작자작할 정도로 졸여야 제맛이 납니다. 고기를 다 먹은 후에는 밥을 볶아 먹어도 별미죠.

조리도구
더치오븐 or 코펠

요리재료
볶음용 닭 600g, 감자 3개, 양파 1개, 대파, 고추, 양념장(고추장, 된장, 간장, 고춧가루, 소금, 다진 마늘)

사전준비
닭은 집에서 깨끗이 씻어서 갑니다. 감자와 양파 같은 야채 손질과 양념장도 집에서 미리 해가는 게 손쉽습니다.

요리팁
국물이 자작자작할 때까지 참고 기다립니다.

Recipe

❶ 닭을 물에 담가 핏물은 빼내고, 기름기를 제거합니다. 감자는 절반 크기로 잘라 놓습니다. 양파는 굵게 채 썰고, 대파는 길게 어슷썰기를 합니다.

❷ 코펠에 닭과 감자, 양파, 양념장을 넣고 끓입니다. 국물이 팔팔 끓으면 중불로 낮춘 후 은근하게 졸입니다.

❸ 감자가 푹 익고, 국물이 자작자작해지면 대파와 고추를 넣습니다. 적당한 그릇에 먹기 좋은 만큼 담아냅니다.

한박사's
100번 튀겨 얻은 결론
프라이드치킨

대한민국 사람이라면 누구나 좋아하는 치킨 요리입니다. 재료만 준비하면 캠핑장에서도 쉽게 할 수 있어요. 여기 공개하는 레시피는 100마리 정도의 닭을 튀기며 겪은 시행착오의 결과물이니 믿고 따라해 보세요. 아이들에게 사랑받는 아빠, 가능합니다.

조리도구
더치오븐

요리재료
생닭, 올리브 오일, 시즈닝 재료(양파분, 마늘가루), 튀김옷(튀김가루, 맥주, 로즈마리, 후추, 양파분, 쌀가루, 새우분말, 카레가루)

사전준비
생닭으로 구입해 깨끗하게 씻어서 준비해주세요.

요리팁
튀김 기름(올리브 오일) 온도를 160도까지 올려야 하고, 닭은 딱 12~15분 튀기세요.

Recipe

❶ 시즈닝 재료를 준비합니다. 마늘가루 1큰술, 양파분 1큰술을 섞어주세요. 보통은 생닭에 튀김가루를 입혀서 튀기는데, 한박사는 시즈닝을 합니다. 마늘가루와 양파분 1큰술을 생닭과 버무려주세요.

❷ 튀김옷을 만듭니다. 튀김가루에 로즈마리, 후추, 양파분, 쌀가루, 새우분말을 추가로 넣습니다. 취향에 따라 카레가루를 넣어도 좋아요. 향신료는 1작은술 정도씩. 한박사표 프라이드치킨의 핵심. 튀김가루에 물 대신 맥주를 넣어주세요. 맥주 양 조절이 중요해요. 휘젓다가 들어 올리면 튀김옷이 두두둑 떨어지는 정도면 됩니다. 시즈닝 된 닭과 튀김옷을 버무려 놓으세요.

❸ 가족이 먹을 거니까 아까워 말고 더치오븐에 올리브 오일을 넉넉하게 넣어주세요. 보통 3통 정도가 들어갑니다. 그리고 가장 중요한 기름온도를 160도까지 끌어 올려야 합니다. 그래서 한겨울에 160도까지 온도를 높이려면 펌프질이 귀찮지만 투버너 또는 해바라기버너 말고는 해답이 없어요. 온도가 160도에 오르면 가장 먼저 닭다리를 넣어주세요. 잘 익지 않아 오랫동안 튀겨야 합니다. 튀기는 시간은 12~15분입니다. 닭이 기름 위에 떠오르면 완성입니다. 만들기 복잡해 보여도 사실 별거 아니니까 꼭 도전해보세요.

소피's
뼈가 없어 먹기 좋은

치킨 가라아게

닭고기살을 양념해 튀겼어요. 뼈가 없어 아이들도, 어른들도 모두 좋아해요. 두 번 튀겨 더 고소하고 바삭하답니다. 캠핑장에서 술 한 잔 하며 이웃도 부르고, 아이 친구들도 불러 수다 떨며 먹기 좋은, 맛있는 요리. 치킨 가라아게 강추합니다.

조리도구
더치오븐 or 프라이팬

요리재료
닭고기살 1팩, 청주 1큰술, 소금 1/2 큰술, 후춧가루 약간, 다진 마늘 1/2큰술, 다진 생강 1/2큰술, 식용유, 튀김옷(간장 1/2큰술, 계란 1개, 녹말가루 5큰술)

사전준비
닭고기는 살만 발라놓은 것을 마트에서 사서 가져가세요. 집에서 먹기 좋은 크기로 썰어가도 편해요.

요리팁
닭고기 기름을 잘 제거해 주고, 두 번 튀겨내세요.

Recipe

❶ 닭고기살을 손질해서 깨끗하게 씻어 물기를 닦고, 먹기 좋은 크기로 썰어줍니다. 청주에 소금을 넣어 녹여줍니다. 청주에 소금 넣은 것을 닭고기에 부어줍니다. 후춧가루, 다진 마늘과 생강을 넣어 손으로 양념이 잘 스며들게 조물조물 주물러 줍니다.

❷ 계란을 풀어 넣고 섞어주세요. 간장을 넣고 다시 섞어줍니다. 녹말가루를 넣어 잘 섞어 튀길 준비를 합니다. 더치오븐에 식용유를 붓고 튀김 온도(170도 정도)를 만들어 닭고기를 넣어 튀깁니다.

❸ 닭고기를 넣고 튀겨 건져냅니다. 튀겨낸 닭고기를 잠깐 두었다가 다시 한 번 튀겨냅니다. 가족들과 도란도란 맛있게 드세요.

한박사's
캠핑장 원조 밥도둑

김치찜

김치와 삼겹살은 온 국민이 사랑하는 식재료죠. 한 때 김치찜 프렌차이즈 식당이 대유행이었을 정도로…. 그보다 맛난 더치오븐표 김치찜이니 이보다 더한 밥도둑이 없겠죠. 신김치와 통삼겹살만 있으면 정말 간단하게 맛을 낼 수 있으니 꼭 도전해 보세요.

조리도구
더치오븐 or 코펠

 요리재료
무 1개, 묵은 김치 1포기, 돼지고기 통삼겹살 2~3덩이, 고추장 1큰술, 설탕 1큰술, 마늘, 생강, 매운 고추

 사전준비
돼지고기는 썰지 말고 통으로 구입하세요. 김치도 썰지 말고 한포기 통째로 준비하세요.

 요리팁
묵은 김치로 해야 제맛이 납니다. 묵은 김치가 없으면 볕 좋은 날, 옥상에 뚜껑을 열어 3일간 김치를 방치해 보세요. 3년 묵은지로 변신합니다.

Recipe

❶ 두껍게 자른 무 몇 조각을 더치오븐 바닥에 깔아 주세요. 그런 다음 묵은 김치를 무 위에 올려요.

❷ 준비한 통삼겹살을 3등분으로 잘라서 더치오븐 안에 있는 김치들 사이사이 찔러 넣어 주세요. 육수를 준비합니다. 고추장 한 큰술, 설탕 한 큰술, 마늘과 생강(절대 빠트리지 마세요) 한 큰술씩을 넣어주세요. 맵게 먹고 싶은 분들은 매운 고추를 추가해 주세요. 물의 양은 재료(김치, 통삼겹)가 잠길 정도입니다. 추가로 양파와 월계수 잎을 넣어도 좋아요.

❸ 팔팔 끓입니다. 센불 기준으로 1시간 정도 걸립니다. 더치오븐은 압력솥과 다르게 국물을 끓이다 보면 육수가 증발되기 때문에 중간 중간 물을 몇 컵씩 더 넣어 주어야 합니다. 보통 2번 정도 추가해 주면 되더군요. 육수 국물이 거의 없어질 때 마무리하면 됩니다. 김치와 통삼겹살을 먹기 좋게 잘라 접시에 담으면 완성입니다.

위풍당당그녀's
지금 캠핑장에 꼭 필요한

올리브 오일 채소찜

몸에 좋은 채소를 다양하게 먹을 수 있습니다. 올리브 오일을 사용해 건강도 두 배! 고기를 좋아라하는 캠퍼들에게 꼭 필요한 요리이기도 합니다. 올리브 오일의 향과 뜨거운 채소가 조화를 이룬 이색적인 요리입니다. 색상이 예뻐서 채소를 싫어하는 아이들도 맛있게 먹는답니다.

조리도구
더치오븐 or 코펠

요리재료
방울토마토 20개, 파프리카(노란색) 반쪽, 파프리카(빨간색) 반쪽, 양파 1/4쪽, 통마늘 5쪽, 새송이버섯 2개, 브로콜리 1개, 올리브 오일 100㎖, 소금, 후추

사전준비
야채를 깨끗이 씻어서 비닐백에 담아가면 캠핑장에서 편해요.

요리팁
방울토마토는 필수! 올리브 오일은 좋은 것을 사용해야 조리 후에도 향이 좋습니다.

Recipe

❶ 깨끗이 씻은 재료를 먹기 좋은 크기로 자릅니다. 마늘은 얇게 저미고, 파프리카, 양파, 새송이버섯은 한입 크기로 썰어줍니다. 브로콜리는 뜨거운 물에 살짝 데친 후 먹기 좋은 크기로 잘라주고, 방울토마토는 꼭지만 떼어내고 통으로 준비합니다. 준비한 재료를 코펠에 담고 올리브 오일을 부어주세요.

❷ 소금과 후추로 간을 맞추고, 재료와 양념이 잘 섞이도록 수차례 뒤집어 줍니다. 쿠킹포일을 넓게 펼친 후 그 위에 양념된 채소를 놓은 후 잘 감싸줍니다. 포일 밖으로 오일이나 채소 육수가 흘러나오지 않도록 꼼꼼하게 여러 번 감싸 주는 것이 중요합니다.

❸ 더치오븐, 코펠(또는 프라이팬)에 넣고 가열해줍니다. 10분 정도 센불에서 익혀 준 후에 포일 안에서 지글거리는 소리가 나면 완성! 겨울에는 난로 위에 익히면 더욱 좋아요. 고기를 먹을 때 그릴 위에 올려서 함께 구워도 좋습니다!

산불's
뉴욕의 아침을 캠핑장에서

베이글과 계란 프라이

아침에 마시는 따뜻한 커피 한 잔. 캠핑장의 낭만이죠. 여기에 더치오븐에 구운 따끈따끈한 베이글과 계란 프라이가 있으면 근사한 아침이 됩니다. 캠핑의 멋과 낭만을 아는 이들의 아침으로 좋습니다. 베이글을 촉촉하고 따끈하게 데워 먹는 방법만 알면 캠핑장은 물론 집에서도 해먹을 수 있죠.

조리도구
더치오븐 or 코펠

요리재료
베이글 4개, 계란 4개, 커피

사전준비
베이글과 계란만 사가면 됩니다.
드립 커피를 드시려면 커피도 준비합니다.

요리팁
더치오븐에 2~3큰술 분량의 물을 넣어주는 게 말랑말랑한 베이글을 만드는 비밀입니다.

Recipe

❶ 더치오븐에 트리벳을 놓고, 2~3큰술 분량의 물을 넣습니다. 트리벳 위에 베이글을 올려놓습니다. 중불에서 7~10분 정도 더치오븐을 달구어줍니다. 더치오븐 뚜껑 손잡이가 뜨겁게 느껴지면 불을 끕니다.

❷ 베이글을 꺼낸 뒤 더치오븐 뚜껑을 강한 불에서 달굽니다. 뚜껑이 달구어지면 약불로 줄인 후 계란 프라이를 합니다. 이때 약간의 올리브 오일을 둘러줍니다.

❸ 베이글이 조리되는 동안 드립 커피를 준비합니다. 베이글은 치즈와 햄, 양상추 등과 곁들이면 좋습니다.

소피's
캠핑장의 여유

모카포트 커피 즐기기

캠핑장에서 즐기는 커피는 언제든지 좋지만, 아침 일찍 일어나 살짝 안개 낀 쌀쌀한 날씨에 화롯불 쬐며 마시는 따끈한 커피 한 잔이 정말 좋았어요. 남편이 끓여주면 더욱 맛있겠죠? 모카포트는 많은 분들이 캠핑장에서 쓰고 계시죠. 크기가 작아 수납도 좋고, 맛도 좋아요.

모카포트 커피 종류

에소프레소
작은 컵에 설탕 한 큰술을 넣고, 커피를 부어 그대로 마십니다. 젓지 마세요. 처음엔 쓰고, 나중엔 달아요. 남편이 먹는 방법입니다.

아메리카노
따뜻하게: 설탕 한 큰술을 넣고, 커피를 붓습니다. 그리고 포트에 물을 끓여 따뜻한 물을 부어 마셔요. 물의 양은 취향에 따라 조절하고요, 설탕도 취향에 따라 조절하세요.

차게: 설탕 한 큰술을 넣고, 커피를 붓습니다. 그리고 얼음을 듬뿍 넣어요. 따로 물은 넣지 않습니다. 얼음이 녹으면서 농도 조절을 해줘요. 물을 부어주면 싱거워져요.

라떼
따뜻하게: 모카포트에 커피를 뽑는 동안, 큰 머그컵에 우유를 2/3컵 정도 붓고 전자레인지에 1분 정도 데워줍니다. 데워진 우유에 설탕 한 큰술을 넣고, 추출한 커피를 부어요. 잘 저어서 마십니다. 캠핑장에서는 우유를 중탕으로 데우기도, 컵을 살짝 화로에 올려 데우기도 했어요. 우유를 데우지 않아도 되는데, 그럼 커피 온도가 떨어져서 밍밍하더라고요.

차게: 컵에 설탕을 한 큰술 넣어요. 그다음 커피를 뽑아 붓습니다. 찬 우유를 2/3컵 정도 넣어 잘 저어줍니다. 그리고 얼음을 넣고 저어 드시면 됩니다.

요리재료
모카포트용 분쇄커피, 물, 설탕, 우유, 얼음 적당량

 사전준비
볶은 원두커피를 사서 캠핑장에서 갈아드셔도 좋아요. 저는 모카포트용으로 갈아달라고 했어요.

 요리팁
무엇보다 취향이 중요하죠. 그리고 배합. 취향에 따라 달리해 보세요.

1

2

3

Recipe

❶ 모카포트와 커피를 준비합니다. 모카포트를 해체시켰습니다. 커피를 뽑기 위해서요.

❷ 밑부분에 물을 부어요. 커피 바스켓을 넣어주세요. 바스켓에 커피를 채워줍니다. 살짝 깎아준 정도만 담아요.

❸ 본체 조립을 합니다. 잘 끼워주어야 새지 않아요. 스토브에 올려요. 원버너는 괜찮은데 집에서 가스레인지에 올리려면 사발이나 원형 걸쇠가 있어야 합니다. 불을 켜서 커피를 뽑아요. 중간불에서 약불로 해주세요. 1~2분이면 돼요. 포르륵 소리를 내며 커피가 올라오면 불을 꺼줍니다. 그리고 컵에 부어 드시면 됩니다.

댕구리댕댕's
서양식 찌개요리

비프 스튜

한국에 찌개가 있다면 서양에는 비프 스튜가 있습니다. 서양요리라고 해서 어렵게 생각할 것 없이 좋아하는 야채와 고기를 넣고 끓이면 됩니다. 찌개 끓일 때 각자의 개성이 있듯이 비프 스튜도 개인 취향대로 넣고 싶은 걸로 넣으면 됩니다. 빵이나 밥과 같이 먹어도 맛있어요.

조리도구
더치오븐 or 코펠

요리재료
소고기 500g, 양파 1개, 감자 2개, 당근 1개, 토마토 통조림 1캔, 쥬키니 호박 1/3개, 오렌지 주스 1컵, 물 1컵, 돈까스 소스 1/2컵, 소금, 후추

사전준비
야채를 집에서 깍둑썰기로 잘라 가면 편해요.

요리팁
그냥 먹어도 맛있고, 빵에 찍어 먹어도 맛있어요.

Recipe

❶ 소고기 등심 부위를 먹기 좋은 크기로 깍둑썰기 해서 소금과 후추를 뿌리고 밀가루를 묻혀주세요. 야채를 먹기 좋은 크기로 깍둑썰기 해주세요.

❷ 더치오븐을 예열한 뒤 올리브 오일을 두르고 고기를 넣고 볶다가 야채를 넣고 볶아주세요. 야채와 고기가 볶아지면 오렌지 주스 1컵, 물 1컵을 넣어주세요.

❸ 토마토 통조림과 돈까스 소스를 넣은 뒤 1시간 정도 보글보글 약한 불에 끓여주세요. 소금 후추로 간을 해주세요. 다 끓여진 비프 스튜를 빵과 함께 접시에 담으면 완성!

한박사's
더치오븐으로 즐기는

독일식 소시지 감자

독일인들이 즐겨 먹는다는 독일식 소시지 감자요리. 이름만 거창해 보일뿐, 각종 야채류와 소시지만 준비하면 누구나 쉽게 만들 수 있는 요리랍니다. 토마토의 쌉싸름한 맛과 고소한 소시지, 담백한 감자, 향이 풍부한 브로콜리가 조화를 이뤄 맛있습니다. 도전해보세요.

조리도구
더치오븐 or 프라이팬

요리재료
소시지, 감자, 브로콜리, 피망, 방울
토마토, 버섯, 소금, 후추

사전준비
야채류(감자, 양파 등)는 귀찮더라
도 집에서 미리 손질해 가지 마시
고 캠핑장에서 요리 직전에 손질
해 바로 요리해야 맛이 좋아요.

요리팁
감자가 타지 않게 잘 저어 주세요.
중간 중간 올리브 오일도 넉넉하게
넣어 주시면 됩니다.

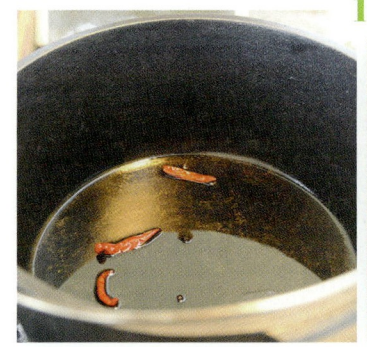

1

2

3

Recipe

❶ 화로대 위에 더치오븐을 올리고 올리브 오일을 두른 후 매운 고추 2~3개를 올려서 살짝 볶습니다. 여기에 감자와 양파를 넣고 볶다가 브로콜리와 피망(파프리카)을 함께 넣고 다시 볶아주세요.

❷ 야채가 익을 때쯤 잠시 뚜껑을 닫아 숨 좀 죽여주고, 그 사이 방울토마토와 버섯을 준비해 놓습니다. 소시지를 먹기 좋게 자른 후 버섯과 함께 투입하고 다시 뚜껑을 닫아 줍니다.

❸ 감자가 익어 갈 때쯤 방울토마토를 넣고 뚜껑을 닫고 2분 정도 지나면 완성입니다. 저는 가급적 싱겁게 먹으려고 소금 사용을 자제합니다만 식성에 맞게 소금과 후추를 넣어 접시에 담아 드리면 되겠습니다. 참, 소금은 천일염 또는 안데스 소금 사용을 권해 드립니다. 맛이 다릅니다.

한박사's
때깔과 향이 최고

찹스테이크

요리하기 어려울 거라 생각되지만 실제 해보면 절대 까다롭지 않은, 그래서 누구나 맛있게 만들어 먹을 수 있는 찹스테이크입니다. 화로대에 불 피워 연기에 눈물 흘려가며 먹는 직화구이 그만하고 우아하게 찹스테이크에 도전해 보세요. 멋쟁이 아빠가 됩니다.

조리도구
더치오븐 or 코펠

요리재료
등심, 파프리카, 양배추, 마늘, 불스아이 소스, 감자

사전준비
소고기는 신선한 등심으로 구입하고, 야채류는 미리 손질해 담아가세요.

요리팁
만능소스인 불스아이 소스만 있으면 됩니다. 꼭 챙기세요. 밥 위에 덮밥처럼 살짝 올려서 쓱쓱 비벼 먹으면 아주 색다른 맛이 납니다.

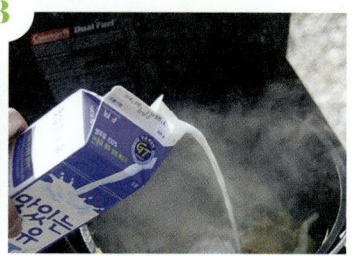

Recipe

❶ 준비한 야채를 먹기 좋은 크기로 잘라서 준비해주세요. 등심에 소금을 아주 조금 뿌려줍니다.

❷ 더치오븐 내부를 토치로 살균해주세요. 마늘, 감자, 등심 스테이크를 올리브 오일에 살짝 볶아줍니다. 마늘 향이 올라올 정도로 아주 살짝 볶아주세요.

❸ 마늘 향이 올라오면 야채를 넣어주세요. 가급적 양배추를 바닥에 깔고 그 위에 고기를 올려놓은 후 뚜껑을 닫아 주세요. 통상 5분 정도 지나 김이 올라오면 뚜껑을 열어 야채와 고기가 숨을 쉬게 해준 후 우유를 한 컵 정도 넣어주세요. 우유가 없으면 대신 생수 반 컵. 꼭 넣어 주세요.

❹ 바비큐 소스의 최고봉 불스아이 오리지널 소스를 넣어주세요. 두 번 정도 휘익 돌려서 뿌려주면 충분합니다. 케첩도 튜브를 한 번 눌렀다 빼는 정도 넣어주세요. 소스가 걸쭉해지면 완성입니다.

소피's
알짜배기 실속요리

소고기 감자조림

구하기 쉬운 재료들로 한 냄비 뚝딱 끓이면, 여럿이 함께 푸짐하게 먹을 수 있어요. 소고기와 면이 들어가 밋밋하지도 않아요. 밥반찬으로도, 와인 안주로도 손색 없어요. 알짜배기 실속 요리 강추합니다.

조리도구
더치오븐 or 스킬렛

 요리재료
소고기(불고기용 혹은 샤브샤브용) 300g, 감자 2개, 당근 1개, 양파(큰 것) 1개, 쌀국수 한 줌, 육수 3컵, 국간장 3큰술(간을 보고 조정하세요), 미림 1/4컵, 식용유 약간

 사전준비
육수는 멸치, 다시마 육수도 괜찮고, 가쓰오부시 육수도 괜찮아요. 혹 육수가 귀찮으면 시중에 파는 가쓰오부시 국시장국을 이용해 보세요. 이때 간을 잘 보세요. 국시장국은 간이 되어 있으니까요.

요리팁
소고기를 바로 넣고 끓여도 상관없지만, 뜨거운 물에 한 번 데쳐서 넣으면 국물이 맑고 깔끔해요. 핏물이 섞이지 않거든요. 오래 끓이면 짜지니 육수 보충 잊지 마세요. 밥 반찬으로도 좋아요.

Recipe

❶ 쌀국수는 따뜻한 물에 담가 불려놓습니다. 당면을 넣어도 맛있어요. 당면도 미리 불려야겠죠? 당근, 감자, 양파는 약간 큼지막하게 잘라 줍니다.

❷ 물을 끓여 소고기를 살짝 데쳐서 건져냅니다. 이렇게 하면 핏물이 빠지고, 나중에 조릴 때 찢어지지 않아요. 팬에 기름을 두르고 양파, 감자, 당근을 넣어 볶습니다. 채소가 살짝 익으면 육수와 국간장, 미림을 넣어 끓입니다. 채소가 익으면 데쳐 둔 소고기와 불려 둔 쌀국수를 넣습니다. 한소끔 끓여 그릇에 담아냅니다. 스킬렛에 담아 약한 불에 살짝 끓이며 드셔도 좋아요.

소피's
포장마차 대표 간식

순대

떡볶이와 함께 국민 대표 간식이 순대죠. 떡볶이는 캠핑장에서 자주 해먹지만, 순대는 엄두도 못 냈어요. 그런데 마트에 가니 순대를 얼려 진공포장해서 판매하더군요. 요리랄 것도 없어요. 코펠이나 더치오븐에서 뜨거운 김 한 번 쐬면 끝!

조리도구
코펠 or 더치오븐

요리재료
순대 1봉지, 양파 약간, 풋고추 약간

사전준비
마트에 가시면 진공포장 순대 팔아요.

Recipe

❶ 재료입니다. 간단하죠?

❷ 더치오븐(코펠)에 물을 한 컵 붓고, 트리벳을 올리고 그 위에 포장해온 순대를 잘 올려주세요. 뚜껑을 덮고 속까지 잘 익을 때까지 푹 쪄주세요.

❸ 적당한 크기로 순대를 썹니다. 양파와 풋고추도 썰어서 함께 먹어요. 양념소금은 마트에서 구입할 때 함께 들어 있어요. 취향에 따라 쌈장을 곁들여도 좋아요.

고인돌's
감자의 담백함이 그대로

웨지감자

감자의 담백한 맛을 그대로 느낄 수 있는 요리에요. 그래서인지 캠핑장과 정말 잘 어울리죠. 간단히 만들어 간식 또는 맥주안주로 좋은 웨지감자. 도전해보세요.

조리도구
그릴 or 더치오븐

요리재료
감자 10개, 올리브 오일 적당량, 후추 1작은술, 소금 1작은술

사전준비
감자를 껍질째 깨끗이 씻어서 캠핑장에 가져가면 편해요.

Recipe

❶ 껍질째 깨끗하게 씻은 감자를 6등분으로 잘라주세요.

❷ 자른 감자에 올리브 오일과 후추, 소금을 뿌려서 골고루 섞어 줍니다. 올리브 오일을 적당히 바르면 수분 증발이 되지 않습니다.

❸ 200도로 예열된 그릴 또는 더치오븐에 감자를 올리고, 180도에서 40분 정도 그릴링 해주면 완성입니다. 간단하죠? 그냥 먹어도 맛있고, 취향에 따라 케첩이나 다른 소스에 찍어 먹어도 좋아요.

PART
5

철판&그리들

산불's
곱창집 사장님 울고 갈

양곱창구이

양곱창은 회식이나 모임 때 즐겨 찾는 1순위 요리죠. 재료가 까다로워 캠핑장에서는 먹고 싶어도 못 먹었는데, 요즘은 손질을 다 해서 먹기 좋게 포장배달 해줍니다. 그리들이나 철판에 굽기만 하면 되니 정말 간편합니다. 맛은 곱창집 사장님 울고 갈 정도로 좋습니다. 감자와 양파를 함께 구워 먹으면 궁합이 잘 맞습니다.

조리도구
그리들 or 철판

요리재료
양곱창 400g, 감자 2개, 양파 1개, 소금, 참기름, 후추

사전준비
양곱창은 집에서 손질하기 어렵습니다. 배달업체의 제품을 이용하는 게 편리합니다. 성인은 1인 기준 300g이 적당합니다. 감자와 양파는 손질해 갑니다.

요리팁
참기름을 넉넉하게 두른 후 곱창을 구면 훨씬 고소합니다. 먼저 빨리 익는 양을 먹고, 오래 익혀야 하는 곱창을 나중에 먹습니다. 마무리로 볶음밥도 좋습니다.

Recipe

❶ 그리들을 달구면서 참기름을 넉넉하게 둘러줍니다.

❷ 그리들이 뜨겁게 달궈지면 참기름이 모이는 가운데 두툼하게 썬 양파와 감자를 올립니다. 그런 다음 가장자리를 따라 양곱창을 올립니다.

❸ 양곱창이 잘 익도록 돌려가면서 구워 줍니다. 감자와 양파도 자주 뒤집어 줍니다. 고기 표면에 있는 물기가 마르고 노릇노릇하게 탄 느낌이 나면 다 익은 것입니다. 우선 양부터 골라 먹습니다. 곱창은 생각보다 더디게 익습니다. 겉이 노릇노릇해질 때까지 돌려가면서 익힙니다. 껍질이 바삭하게 익으면 가위로 잘라서 곱창을 세워놓습니다. 그렇게 양쪽을 익힌 다음 먹습니다. 마무리로 볶음밥을 해먹어도 좋습니다.

산불's
소고기 같은 육즙을 그대로

이베리코 목살구이

스페인에서 온 최고의 돼지고기 이베리코. 요즘은 캠핑장으로 냉장포장해 배달도 해줍니다. 지방이 적당히 섞인 이베리코 목살은 요즘 가장 핫한 캠핑요리 도구 그리들에 구워 먹어야 제맛이죠. 여기에 지방이 고소한 삼겹살도 더해주면 아주 간단한 메인 요리가 됩니다. 마무리는 김치볶음밥이 환상궁합이죠.

조리도구
그리들 or 스킬렛

 요리재료
이베리코 목살 200g, 삼겹살 200g, 감자 2개, 양파 1개, 소금, 후추, 묵은 김치

 사전준비
이베리코 돼지고기는 200g씩 포장해서 배달해줍니다. 성인은 1인 기준 400g은 잡아야죠. 정육점에서 목살이나 삼겹살을 사가지고 가도 됩니다.

 요리팁
무쇠 프라이팬을 이용한 직화구이는 고기 두께를 두툼하게 썰어 가는 게 좋습니다. 그리들을 뜨겁게 달군 후 고기를 올려야 표면이 재빨리 익습니다. 그리들과 스킬렛은 모두 무쇠로 만들어져 사용법은 거의 같습니다. 두 가지 모두 장작, 숯, 버너 등 모든 열원을 이용해 조리할 수 있습니다.

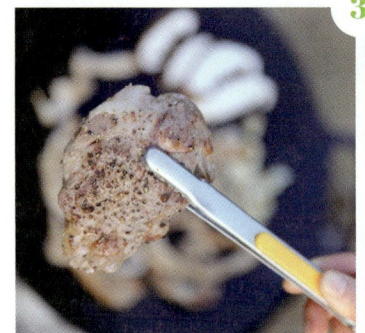 

Recipe

❶ 그리들을 달구면서 올리브 오일을 둘러줍니다. 그다음 통마늘을 올려서 구워줍니다. 그리들이 뜨겁게 달궈지면 가장자리를 따라 목살과 삼겹살도 같이 올려줍니다.

❷ 한쪽 면이 노릇노릇하게 익으면 뒤집어줍니다. 고기는 가급적 표면이 잘 익을 만큼 확실하게 익혀 준 뒤에 뒤집습니다. 고기를 뒤집으면서 소금과 후추를 뿌려줍니다.

❸ 표면이 노릇하게 익고, 핏기가 완전히 가시면 익은 것입니다. 다 익은 고기는 먹기 좋게 가위로 잘라 놓습니다. 고기를 다 먹은 후 잘게 썬 김치를 남은 기름에 볶아줍니다. 그런 다음 밥과 김가루를 뿌려 볶아주면 김치볶음밥 완성!

소피's
기름기 흐르는 직화구이가 미울 때

돼지고기 생강구이

캠핑장에서 빠질 수 없는 돼지고기 요리. 그 중 아들이 좋아하는 목살. 기름기 흐르는 직화구이에 질릴 때쯤 해보세요. 생강만 넣었는데 색다른 맛이 납니다. 맥주 한 잔 생각날 때 어른과 아이들 다 만족시키는 새로운 돼지고기 요리입니다.

조리도구
스킬렛 or 프라이팬

요리재료
돼지목살(슬라이스) 400g, 생강 간 것 1큰술(취향에 따라 0.5큰술), 식용유 약간, 소스 재료(간장 3큰술, 미림 3큰술, 청주 2큰술, 설탕 1큰술)

사전준비
소스를 집에서 만들어 가면 캠핑장에서 양념 수를 줄여도 되겠죠? 생강은 직접 갈아도 되고, 간 것을 마트에 팔기도 해요.

요리팁
생강을 꼭 넣어야 해요. 생강이 맛을 좌우합니다.

Recipe

❶ 간장 소스와 생강을 갈아서 준비합니다. 달군 팬에 식용유를 두르고, 돼지고기를 올려 노릇하게 굽습니다.

❷ 밑간은 하지 않아도 됩니다. 편하죠? 기름이 많이 생기면 키친타월로 닦아내주세요. 고기 양면이 다 구워지면 소스를 넣고, 갈아둔 생강도 넣어줍니다. 양념이 고기에 어느 정도 배어들면 고기를 그릇에 담고, 팬에 남은 양념을 조금 더 졸여서 고기 위에 뿌려주세요.

❸ 취향에 따라 샐러드나 두부를 넣은 미소된장국을 곁들여 드셔도 좋아요. 밥이랑 먹어도 좋고, 좋아하는 맥주를 곁들이면 더 좋겠죠?

소피's
사각사각 씹히는 맛이 상큼한

사과고추장 목살구이

캠핑장에서 목살을 구워먹다가 남은 목살을 좀 다르게 먹어보려고 시도한 요리입니다. 사과를 넣어 고추장 양념을 했더니 새콤달콤, 매콤하기까지 한 사과고추장 목살구이가 되었네요. 취향에 따라 다른 양념들을 첨가해 보세요. 씹히는 맛이 있게 사과를 다져도 보았어요.

조리도구
스킬렛 or 프라이팬

 요리재료
돼지고기 목살 3장, 버터 약간, 양파 약간, 가지 약간, 소스 재료(고추장 2큰술, 사과 1/2개, 올리브 오일 1큰술, 물엿 1/2큰술, 청양고추 1/2~1개, 레몬즙 2큰술)

 사전준비
양념은 미리 만들어 가시면 캠핑장에서 편해요.

 요리팁
요리핵심은 양념에 있어요. 고추장이 매우면 아이들을 위해 케첩을 약간 섞어도 보세요.

Recipe

❶ 사과는 얇게 썰어 다져줍니다. 사과를 다진 건 씹히는 맛이 있었으면 해서 그랬어요. 갈아서 넣어주셔도 좋아요. 반반해도 좋아요. 분량대로 고추장에 다진 사과를 넣어줍니다. 올리브 오일, 물엿, 청양고추, 레몬즙도 넣어줍니다. 청양고추는 조절하세요.

❷ 스킬렛을 달구고, 버터를 넣고 녹입니다. 치지직 목살을 넣고 구워요. 후추도 뿌려주세요. 양면을 뒤집어서 노릇노릇하게 구워줍니다. 그 옆에 양파도 채 썰어서 함께 구워줍니다. 돼지기름이 양파에 배어 들게요.

❸ 접시에 구운 목살을 담고, 구워진 채소들을 그 옆에 놓습니다. 그리고 만들어 놓은 고추장 소스를 얹어요. 이렇게 소스를 얹어주면 완성이에요. 고기를 썰거나 가위로 적당한 크기로 잘라 소스에 찍어 드세요. 매콤하기도 하고 사과가 씹히는 맛도 좋네요.

산불's
오징어와 삼겹살의 환상 궁합

오삼불고기

철판 요리의 지존이라 할 수 있습니다. 담백한 오징어와 삼겹살의 환상궁합을 느낄 수 있습니다. 삼겹살 지방이 조금 기름진 느낌을 주지만 태양초 고추장의 매콤한 맛이 단박에 제압합니다. 상추나 깻잎에 싸 먹으면 맛이 더 살아납니다.

조리도구
철판 or 스킬렛

요리재료
오징어 2마리, 삼겹살 400g, 양파, 고추, 대파, 마늘, 고추장

사전준비
캠핑 가기 전에 오징어와 삼겹살 등 재료를 손질해 양념에 반나절 이상 재워둡니다.

요리팁
샌불에서 요리한 후 오징어부터 먹습니다. 양념이 깊게 배이도록 미리 재워서 갑니다.

Recipe

❶ 오징어는 손질 후 먹기 적당한 크기로 썹니다. 오징어와 삼겹살, 야채, 양념을 넣고 재웁니다.

❷ 철판이 뜨겁게 달구어지면 기름을 두릅니다. 재료를 철판에 올린 후 넓게 펴줍니다. 적당히 익으면 한 번씩 뒤집어 줍니다.

❸ 삼겹살이 노릇노릇하게 익으면 불을 줄입니다. 다 먹은 뒤에는 밥을 볶아 먹습니다.

산불's
술안주보다 볶음밥이 더 맛난
순대곱창볶음

퇴근길이나 친구와 만날 때 생각나는 술안주 순대곱창볶음. 철판만 있으면 캠핑장에서도 쉽게 만들 수 있습니다. 재료를 직접 준비할 수도 있고, 식당에서 준비된 재료를 사올 수도 있습니다. 마무리로 만들어 먹는 볶음밥, 예술이죠.^^

조리도구
철판 or 스킬렛

요리재료
순대, 곱창, 양배추, 양파, 파, 떡, 당면, 깻잎, 양념장

사전준비
음식재료는 식당에서 구입해 가는 게 편리합니다.

요리팁
곱창을 먼저 볶다가 야채를 나중에 넣어야 합니다.

Recipe

❶ 철판을 뜨겁게 달굽니다. 철판이 달구어지면 약간의 물과 함께 곱창을 넣습니다. 곱창이 바글바글 한 소끔 끓으면 순대와 야채 등 재료를 올립니다.

❷ 양념을 넣고 센불로 조리합니다. 야채는 센불로 요리해야 물이 적게 생깁니다. 볶으면서 타지 않도록 열심히 뒤집어 줍니다.

❸ 야채 순이 죽으면 30분 정도 미리 물에 불려 놓은 당면을 넣습니다. 순대곱창을 다 먹으면 밥과 참기름, 김, 다진 김치 등을 넣고 볶아 먹습니다.

소피's
경춘선 어딘가에서 맛본

춘천닭갈비

춘천 사는 지인을 만나러 갔다가 맛본 닭갈비가 정말 맛있었어요. 아직도 닭갈비하면 그 맛을 잊을 수 없답니다. 닭고기의 이미지를 확 바꿔놓은 닭갈비. 그 닭갈비 맛을 흉내 내봅니다. 화롯불 피워놓고 먹는 그 맛도 좋아요.

조리도구
철판 or 스킬렛

 요리재료
닭고기살 1팩, 우동사리(혹은 라면사리) 1봉지, 양파 1/2개, 양배추 1/4개, 고구마 1개, 떡볶이떡 한 줌, 대파 약간, 고추장 양념(고춧가루 4큰술, 고추장 2큰술, 다진 마늘 1+1/2큰술, 물엿 2큰술, 맛술 2큰술, 참기름 1큰술, 간장 1+1/2큰술, 생강가루 약간, 생강가루는 없으면 빼도 무방)

 사전준비
닭고기는 살만 발라 마트에서 판매하니, 그걸 이용하면 편해요. 양념은 미리 만들어 가면 캠핑장에서 편하겠죠?

 요리팁
물이나 깻잎은 넣지 마세요. 물은 넣지 않아도 야채에서 저절로 생깁니다. 깻잎은 요리가 다 된 후 싸먹어야 합니다.

Recipe

❶ 고기는 기름을 떼어내고 깨끗이 씻어 물기를 뺀 뒤 분량의 양념장에 1시간 정도 재워둡니다. 채소는 적당한 크기로 썰어 준비해 주세요. 팬에 식용유를 두르고, 중불에서 고구마를 먼저 넣으세요.

❷ 그다음 고기를 넣어 굽습니다. 역시 중불이예요. 고기가 반 정도 익으면 뒤집어 가위로 적당한 크기로 잘라줍니다.

❸ 나머지 채소들을 모두 넣고, 약불에서 볶아 주세요. 채소의 숨이 죽으면 남은 양념장을 넣고 강불에서 후다닥 볶아냅니다.

❹ 우동사리를 넣습니다. 깻잎이나 다른 쌈채소로 싸서 드셔도 좋아요.

소피's
우아한 장면이 필요할 때
연어 스테이크

요리 이름만으로 캠핑장이 우아한 레스토랑으로 변신합니다. 아들이 좋아해 연어 요리를 자주 하게 되는데요. 늘 같은 연어 요리를 해주니, 좋아해도 물리나 봐요. 하지만 '스. 테. 이. 크.' 라는 단어로 꼬시면 넘어옵니다. 손님 접대에도 좋아요.

조리도구
스킬렛 or 프라이팬

요리재료
연어 200g, 소금, 후추, 양송이버섯 5개, 아스파라거스 2줄기, 올리브 오일, 소스(양송이버섯 5개, 마늘 2큰술, 생크림 40g, 화이트 와인 4큰술, 허브 약간)

사전준비
연어는 토막 내 손질한 것을 마트에서 구입할 수 있어요. 아이스박스에 넣어 가면 됩니다.

요리팁
연어는 센불에서 구워 한 번만 뒤집으세요. 부서져요. 예쁘게 담으면 맛이 더 좋아진답니다.

Recipe

❶ 달군 팬에 올리브 오일을 두르고, 연어를 올려 소금, 후추로 간을 합니다.

❷ 다른 프라이팬에 양송이버섯은 4등분하고, 아스파라거스도 적당한 크기로 썰고, 편 썬 마늘과 함께 프라이팬에 넣고 볶아요. 마늘이 갈색이 되면 화이트 와인을 붓고 흔들어 볶다가 생크림, 허브를 넣고, 소금, 후추로 간을 합니다.

❸ 소스가 약간 걸쭉해지면 구운 연어를 접시에 담고, 소스를 연어 위에 올려 주세요. 취향에 따라 샐러드를 곁들여 보세요.

소피's
낙수 소리에 또 한 점
김치전

똑똑똑. 타프에 비 떨어지는 소리, 참 좋죠? 우중캠핑의 매력은 바로 그 빗소리에 있더군요. 비가 오면 누가 시키지 않아도 파전에, 김치전이 생각나요. 부침개 준비 따로 하지 않았어도 준비해 온 김치 하나면 끝이죠. 자, 그럼 매콤 고소한 김치전 한 번 구워볼까요?

조리도구
철판 or 프라이팬

 요리재료
김치 한 줌, 부침가루(없으면 밀가루), 계란 1개, 식용유 적당량

 사전준비
김치는 밑반찬으로 준비해 가니 걱정 없지만, 김치전 계획이 있다면 넉넉히 준비하세요.

 요리팁
반죽에 계란 하나 넣어주면 바삭거리는 부침개를 먹을 수 있어요. 기름을 충분히 둘러가면서 구워야 타지 않습니다. 김치전의 표면이 어느 정도 굳은 뒤에 뒤집어야 전이 찢어지지 않습니다.

Recipe

❶ 김치와 부침가루, 계란. 재료는 딸랑 이게 다입니다. 부침가루에 계란을 넣고 모자라면 물을 조금 넣으세요. 반죽이 되면 김치를 넣어줍니다.

❷ 씹히는 맛을 즐기시려면 김치를 요렇게 넣으시고, 아이들이 있다면 더 다져서 넣어주어도 좋아요. 취향에 따라 오징어를 넣어주어도 좋아요. 그런 다음 잘 버무려주세요.

❸ 철판이나 프라이팬을 달구고, 기름을 발라줍니다. 그 위에 반죽을 잘 펴서 올려주세요. 김치전 표면이 구둑구둑해지면 뒤집어 주세요. 김치에 간이 되어 있어 따로 반죽에 소금을 넣을 필요가 없는데요. 혹시 심심하시면 양념장을 곁들여 드셔도 맛있어요.

지그재그's
사람이 많을수록 간단하게 즐긴다

소시지 야채볶음

'쏘야와 생맥주' 메뉴가 있을 만큼 누구에게나 사랑받는 맥주 안주. 그렇다고 어른들만 좋아하는 건 아니죠. 누구나 좋아해서 부담이 없고, 또 후다닥 간단하게 요리할 수 있어 더 좋은 간단 요리입니다. 달콤하게, 때로는 매콤하게, 취향에 따라 변신도 가능합니다.

조리도구
프라이팬

 요리재료
비엔나 소시지, 케첩, 타바스코 소스, 당근, 다진 마늘, 양파, 피망, 올리브 오일

 사전준비
마늘은 미리 다져서 준비하고, 양파는 껍질을 벗기고, 다른 야채들은 깨끗이 씻어 밀폐용기에 담아갑니다.

 요리팁
취향에 따라 매콤하게 혹은 달콤하게 소스를 달리해 요리하세요.

Recipe

❶ 준비한 야채를 소시지와 비슷한 크기로 잘라줍니다. 모양틀을 이용해 당근을 준비하면 아이들이 좋아해요. 소시지 야채볶음에 가장 많이 쓰이는 비엔나 소시지에 미리 칼집을 주세요.

❷ 올리브 오일을 두른 팬에 마늘 향이 나게 다진 마늘을 약한 불에서 볶아주세요. 그다음 당근을 넣고 볶아요. 당근이 어느 정도 익으면 양파와 피망을 넣어주시고. 조금 더 볶다가 준비한 소시지를 넣어주세요.

❸ 소시지의 칼집이 살짝 벌어지면 케첩을 뿌려줍니다. 매콤한 맛을 원하면 타바스코 소스를 추가로 넣어주세요. 소스가 비엔나 소시지에 완전히 달라붙으면 완성!

소피's
기름지지 않아 담백한

고기 야채볶음

여러 가지 채소들을 볶다가 돼지고기를 구워 같이 넣었어요. 간장 양념이 배어든 돼지고기는 기름지지 않아 담백하고 맛있답니다. 채소와 함께 먹어 느끼하지 않고, 깔끔하죠. 캠핑장에 손님이 찾아와도 후다닥 볶아 뚝딱 한 그릇이 완성되고, 기품 있어 보인답니다.

조리도구
스킬렛 or 프라이팬

요리재료
돼지고기 삼겹살(슬라이스) 200g, 양배추 2장, 부추 한 줌, 숙주 두 줌, 당근 1/2개, 버섯, 속배추 약간, 마늘 2톨, 소금, 후춧가루, 식용유 약간, 양념(간장 1큰술, 맛술 1+1/2 큰술)

사전준비
삼겹살이 두꺼우면 양념을 조금 더 보충하세요. 채소는 집에서 손질해 비닐백에 한꺼번에 넣어 가면 캠핑장에서 편해요.

요리팁
채소는 센불에서 후다닥 볶아내어야 숨이 죽지 않고 아삭아삭해요. 채소는 있는 것을 활용하세요. 천천히 익는 채소부터 넣어서 볶아요. 당근을 먼저 넣었습니다. 채 썬 양배추심, 양배추잎, 배추와 버섯 순입니다.

Recipe

❶ 달군 스킬렛에 기름을 두르고 편으로 썬 마늘을 먼저 넣고 볶습니다. 마늘이 노릇하게 색이 나면 삼겹살을 넣어 구워줍니다. 볶는다고 생각하지 마시고, 굽는다고 생각하세요. 앞뒤로 노릇노릇 잘 구워주세요. 마늘 향이 고기에 배어들도록. 간장과 맛술을 넣은 양념에 구운 돼지고기를 담가둡니다. 양념이 배이게요. 고기를 구워 낸 팬에 채소들을 넣고, 센불에서 볶아냅니다. 고기맛이 채소에도 배어들 거예요.

❷ 채소들이 숨이 죽으면 양념해 둔 고기를 넣고, 같이 볶아 줍니다. 살짝 익히면 되는 부추와 숙주를 마지막으로 넣고, 남은 양념도 넣어 후다닥 볶아냅니다. 후춧가루를 뿌려 접시에 담아냅니다. 밥반찬으로도, 술안주로도 좋아요.

지그재그's
일본의 해물 부침요리
오코노미야키

평소 맛보기 어려운 오코노미야키를 시중에서 구하기 쉬운 재료들과 해물파전 믹스로 간단하게 만들 수 있답니다. 간식으로, 별미로, 안주로, 반찬으로 다 좋아 아이부터 어른까지 색다른 맛에 반할 거예요. 개인 취향에 맞게 재료를 선택해 두껍게 익혀 먹는 게 매력.

조리도구
프라이팬 or 스킬렛

 요리재료
해물파전 믹스, 계란, 돈까스 소스, 마요네즈, 가쓰오부시, 올리브 오일

 사전준비
재료는 마트에서 구매해 가면 끝! 요리 준비는 캠핑장에서 합니다.

 요리팁
부침을 한 번에 하려고 하지 마세요. 한 쪽을 굽고 뒤집은 다음 한 번 더 부침 믹스를 부어 주세요. 그래야 타지 않고 두툼하게 전을 만들 수 있습니다.

Recipe

❶ 우선 해물파전 믹스를 500ml 물에 약 5분간 담가둡니다.

❷ 계란을 잘 저어서 물에 담가놓은 해물파전 믹스에 부어 골고루 잘 섞어줍니다. 그런 후 부침가루를 넣어줍니다. 묽게 반죽해주세요.

❸ 프라이팬에 1/4가량 부어서 바닥이 어느 정도 익으면 뒤집어줍니다. 뒤집어 준 뒤에 1/4가량을 부침 위에 더 얹어 어느 정도 익으면 다시 뒤집어 부쳐주세요.

❹ 마요네즈를 뿌린 뒤 돈까스 소스를 뿌리고 마지막으로 가쓰오부시를 올려주면 완성입니다. 조각 피자처럼 나눠서 먹으면 됩니다.

지그재그's
눈도 혀도 즐거운

베이컨 야채말이

베이컨은 언제나 간편하게 요리할 수 있고, 어떤 재료와도 잘 어울려서 좋아요. 베이컨과 야채만 있으면 누구나 쉽고 간단하게 만들 수 있습니다. 화려한 색감에 눈도 즐거워집니다. 맛도 좋아 야채를 잘 안 먹는 아이들 간식으로 또는 술안주로도 그만인 베이컨야채말이 강추.

조리도구
프라이팬 or 철판

요리재료
베이컨, 피망, 파프리카, 팽이버섯, 허니 머스타드 소스, 깻잎, 무순, 올리브 오일

사전준비
야채는 집에서 미리 씻어서 손질해 가면 캠핑장에서 편해요.

요리팁
베이컨은 끓는 물에 살짝 데쳐주세요. 기름이 빠져서 정말 좋아요. 프라이팬에 구울 때 마무리한 부분이 아래쪽으로 가게 제일 먼저 구워주면 베이컨이 풀리지 않아요.

1

2
 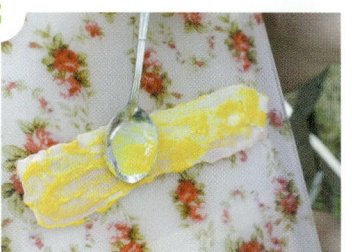

3

4

Recipe

❶ 베이컨을 끓는 물에 한 개씩 담가 데쳐주세요.

❷ 피망과 노랑 빨강 파프리카는 길게 썰어주고, 팽이버섯은 밑동을 잘라내고 깨끗이 씻어 놓으세요. 베이컨 위에 허니 머스타드 소스를 발라주세요.

❸ 반으로 자른 깻잎을 베이컨 위에 깔아주세요. 그 위에 채소를 골고루 올린 다음 돌돌 말아주세요.

❹ 달궈놓은 팬 위에 베이컨을 노릇노릇 살짝 익혀주세요. 야채를 밑에 깔아 접시에 담으면 색감이 예쁘답니다.

탱구리댕댕's
떼캠핑에 어울리는

모듬전

잔칫집에는 빠지지 않는 전. 캠핑도 여러 팀이 어울려 놀다보면 잔칫집 분위기 나잖아요. 모여서 같이 전 부치면서 수다도 떨고 옆에서 뛰어노는 아이들과 얼큰해진 캠퍼 아저씨들 고소한 기름 냄새에 더욱 신명 나는, 떼캠핑에 정말 잘 어울리는 요리입니다.

조리도구
철판 or 프라이팬

요리재료
냉동 동그랑땡 1팩, 애호박 1개, 깻잎 10여 장, 맛살, 대파 2개

사전준비
동그랑땡은 만들어서 파는 냉동식품을 사 가면 편해요.

Recipe

❶ 맛살과 파는 길이를 맞춰 잘라서 끼워주세요. 애호박은 0.5cm 간격으로 잘라서 소금 뿌려주세요. 깻잎은 씻어서 물기를 없앤 후 밀가루를 묻혀주세요. 가운데에 고기를 넣지 않고 깻잎만 부쳐도 맛있어요. 밀가루 계란 순서로 옷을 입히고 지글지글 지져주세요.

❷ 위생봉투에 밀가루를 넣고 호박을 넣은 뒤 흔들면 골고루 입혀져요. 이웃사촌 모여서 수다 떨면서 지지고 부쳐 주세요. 기름을 아끼지 말고 넉넉히 두르세요.

❸ 밖에 나오면 호박과 깻잎도 아이들이 잘 먹어요. 안주로 먹고 남은 것은 반찬으로 먹어요.

지그재그's
아이들이 먼저 찾는

해물파전

비가 오는 날이면 특히 더 생각이 나는 파전. 한입 크기라 만들기도 쉽고 아이들 입에 쏘옥 들어간답니다. 해물이 더해져 영양 만점이기도 하지요. 질리지 않고 중독성 있는 해물파전. 시원한 막걸리와 함께라면 우울함을 한방에 날려 버립니다.

조리도구
프라이팬 or 철판

요리재료
부추(쪽파), 모듬해물, 달걀, 칵테일 새우, 부침가루, 튀김가루, 홍고추, 청고추, 버섯, 다진 마늘

사전준비
야채와 해물을 집에서 미리 손질해 냉동해 가면 편해요.

Recipe

❶ 계란을 먼저 풀어주세요. 해물을 다진 후, 버섯, 다진 마늘, 소금, 후춧가루, 참기름 등을 넣어서 밑간을 해주세요. 부침가루, 튀김가루, 물을 넣어 잘 풀어주세요. 반죽은 묽게 해주세요.

❷ 양부추(쪽파)는 3cm 정도로 잘라 반죽에 한 번 담갔다 꺼내는 정도로 묻혀주세요. 반죽을 묻힌 부추를 팬에 놓은 후 양념된 해물을 적당량 올리고, 홍고추, 청고추, 칵테일 새우를 올려주세요.

❸ 약불로 은근하게 익혀주세요. 뒤집기 전에 풀어놓은 달걀을 한 숟가락 떠서 얹어 준 후에 뒤집어주세요. 가지런히 담아주면 예쁘게 완성입니다.

PART
6

밥&국

PREVIEW

밥짓기

한국인의 식탁 중심에는 밥이 있다. 반찬이 제아무리 많아도 소용없다. 밥과 어우러져야 반찬이 의미가 있다. 또 갈비나 삼겹살 등 아무리 맛있는 요리가 있어도 밥이 없으면 허전하다. 따라서 캠핑요리의 중심도 밥이다.

캠핑장에서 하는 밥은 집에서 짓는 것과 분명히 다르다. 밥솥이 아닌 코펠에 밥을 짓기 때문이다. 물론 전기를 사용할 수 있는 곳에서는 전기밥솥을 쓰기도 하고, 바지런한 캠퍼들은 압력밥솥을 사용하기도 한다. 그러나 이는 소수다. 대부분은 코펠을 이용해 밥을 짓는다. 코펠은 밥솥에 비해 얇다. 또한 밥이 잘 되도록 압력을 행사할 수 없다. 따라서 밥물과 불의 세기 조절을 섬세하게 하지 못하면

설익거나 아니며 바닥을 홀라당 태울 수 있다. 코펠 밥 짓기에 익숙해지기 위해서는 상당한 노력과 반복이 필요하다.

일단 밥 짓는 요령을 터득하면 다양한 변화를 시도할 수 있다. 쌀과 잡곡, 콩으로 한정된 밥 짓는 재료를 다양화시켜 독특한 밥을 지을 수 있다. 여기에는 해산물이나 야채, 버섯 등을 이용할 수 있다. 밥 하나만 가지고도 다양한 요리가 나올 수 있다는 것을 확인할 수 있다.

밥솥과 코펠의 차이

밥솥과 코펠은 많이 다르다. 우선 코펠은 재질이 얇다. 이는 열전도율이 빠르다는 뜻도 되지만 그만큼 빨리 식는다는 뜻도 된다. 가마솥처럼 두꺼운 무쇠로 만든 솥은 천천히 달궈지고, 또 천천히 식으면서 그 온기를 고스란히 쌀에 전달한다. 따라서 설익는 법이 없고, 쉽게 타지도 않는다. 그러나 코펠은 얇기 때문에 센 불에 조금만 오래 두어도 바닥이 새카맣게 탄다. 또 불을 끄면 금방 식어버려 복사열을 통한 뜸들이기도 어렵다.

밥솥과 코펠의 두드러진 차이 가운데 하나는 압력이다. 요즘은 대부분 가정에서 압력밥솥을 많이 쓴다. 가마솥의 경우 별다른 장치 없이도 무거운 뚜껑 그 자체가 압력을 행사해 밥이 잘 된다. 그러나 코펠은 뚜껑이 가볍다. 밥물이 끓기 시작하면 뚜껑이 여닫히면서 김이 새나간다. 불 조절이 늦으면 밥물이 넘치기도 한다. 압력이 적기 때문에 그만큼 밥의 찰기가 떨어진다.

코펠에 밥 잘 짓는 요령

❶ 물을 많이 잡아라
코펠은 압력이 없다. 따라서 수증기가 쉽게 빠져나간다. 이것을 고려해 압력밥솥에 비해 물을 많이 잡아야 한다. 압력밥솥의 경우 손을 펴서 담갔을 때 손톱 위로 물이 찰랑일 정도면 충분하다. 그러나 코펠은 손등 2/3까지 물이 차게 해야 한다.

❷ 큰 코펠을 이용하라
밥물이 끓어 넘치면 밥맛이 없어진다. 그러나 코펠이 작으면 밥물이 끓어 넘치는 것을 막을 수 없다. 특히, 쌀의 양을 조절하지 못해 코펠 뚜껑이 들릴 정도로 밥을 하면 십중팔구 위는 설익고, 바닥은 탄다. 따라서 밥물을 잡았을 때 코펠의 1/3에 미치지 않도록 해야 한다.

❸ 밥은 많이 하라
쌀의 양이 적으면 밥 짓기의 고수라고 해도 맛있는 밥을 짓기가 어렵다. 이는 코펠이 얇기 때문이다. 즉, 코펠이 금방 달구어지고, 또 금방 식기 때문에 복사열을 기대할 수 없다. 그러나 밥의 양이 많으면 자체에서 복사열이 발생해 뜸을 들이는 효과가 있다. 따라서 밥의 양을 되도록 많이 하는 게 좋다.

❹ 밥물이 넘치지 않게 하라
어떤 일이 있어도 밥물이 넘쳐서는 안 된다. 밥물에는 구수한 밥맛을 내는 성분들이 녹아 있다. 이것은 수증기가 증발하면서 다시 밥에 스며든다. 그러나 밥물이 넘치면 이 효과를 기대할 수 없다. 또 끓어 넘친 밥물로 더럽혀진 스토브를 청소하는 것도 일이다.

❺ 밥 짓는 시간을 오래 가져라
압력밥솥을 이용하면 15분 내외면 밥을 짓는다. 불을 끈 후에도 압력으로 인해 뜸이 들기 때문이다. 그러나 코펠은 불이 닿는 순간까지만 뜸이 든다고 생각하면 된다. 따라서 처음부터 중불을 이용한다. 밥물이 끓으면 불을 끈 채 3분쯤 뒀다가 약한 불로 15분쯤 뜸을 들인다. 코펠이 충분히 클 경우에는 불을 끄지 않고 약한 불로 낮춰서 뜸을 들여도 된다. 만약, 누룽지가 먹고 싶다면 마지막에 15~30초쯤 센 불로 가열한다.

실전 밥짓기

❶ 쌀 씻기
쌀을 씻을 때는 첫물은 살짝 헹구어 재빨리 버린다. 쌀 속에 포함되어 있는 잡티 등이 쌀에 스미는 것을 막기 위해서다. 두 번째는 쌀을 박박 씻는다. 이렇게 씻어야 밥맛이 좋아진다.

❷ 밥물 앉히기
손을 넣었을 때 남자 손등의 2/3까지 오게 물을 붓는다. 2~3인분처럼 적은 양의 밥을 지으려면 물을 조금 더 낮춰 잡는다.

❸ 중불로 가열하기
처음부터 중불로 가열한다. 너무 센 불을 이용하면 빨리 끓기만 할 뿐 쌀이 푹 익지 않는다.

❹ 뜸들이기
밥이 끓으면 불을 최대한 약하게 해 뜸을 들인다. 이때 완전히 불을 끄고 3~5분쯤 두었다가 뜸을 들여도 무방하다. 또 뚜껑을 열고 밥을 한 번 휘저어서 아래위가 섞이도록 하는 것도 좋은 방법이다. 뜸은 15분쯤 들인다.

❺ 밥 상태 확인
뜸이 다 들면 눈과 코를 활용해 밥 상태를 확인한다. 밥이 다 됐으면 코펠 뚜껑과 본체 사이에 비친 밥물이 바싹 마른다. 또 밥 냄새도 구수해진다.

❻ 밥 섞기
불을 끈 후에 5분 정도 그대로 둔다. 그다음 주걱으로 밥을 위아래가 섞이도록 골고루 저어준다.

밥의 응급처치

밥 짓기에 실패할 수 있다. 삼층밥이 나올 수도 있고, 밥이 덜 익을 수도 있다. 이때도 재빨리 손을 쓰면 그럭저럭 먹을 수 있는 밥으로 만들 수 있다.

❶ 밥이 진 경우
물을 너무 많이 잡았을 때 발생한다. 이때는 아래의 밥은 조금 태울 각오를 하는 게 좋다. 우선 밥을 수증기가 날아가도록 골고루 섞어준다. 다음 약한 불로 5~10분쯤 가열한다. 마지막 30초는 센 불에서 탄내가 날 때까지 가열한다. 코펠 바닥의 누룽지는 많이 탔을 것이므로 버려야 한다.

❷ 밥이 설익은 경우
밥물이 부족했을 때 생기는 현상으로 100% 밥을 살릴 수 있다. 우선 주걱으로 밥을 섞어준 뒤 적당량의 물을 골고루 뿌려준다. 그다음 약한 불에서 10분쯤 더 뜸을 들인다. 물을 너무 많이 부으면 밥이 겉돌 수 있어 주의한다.

❸ 삼층밥이 됐을 경우
처음부터 끝까지 센 불로 가열했을 때 이런 현상이 나타나는데, 가장 곤란한 경우다. 우선 맨 위의 설익은 부분은 걷어낸다. 그 아래 잘 익은 부분만 떠서 먹는다. 밑에 탄 부분은 과감히 포기한다. 설익은 부분은 깨끗한 코펠에 담아서 약간의 물을 붓고 약한 불에서 가열해 누룽지를 만들어 먹는다. 이때 물의 양이 너무 많아서는 안 된다. 또 밥을 꾹꾹 눌러서 코펠 바닥에 밀착시켜야 한다.

" 압력은 돌멩이로? "

예전에는 코펠에 돌을 올려놓는 경우가 많았다. 코펠 내 압력을 높이기 위한 임시방편이다. 특히, 기압이 낮은 산이나 높은 지대에서는 이 방법이 종종 사용됐다. 결론은 아무런 도움이 안 된다는 것이다. 돌멩이를 올려놓아도 밥물이 끓어 넘치는 것을 막을 수 없다. 또 압력이 높아지는 것도 아니다. 오히려 돌멩이에 붙은 흙이 식탁을 어지럽힐 뿐이다. 또 위아래를 골고루 익히기 위해 밥을 다 한 뒤에 코펠을 뒤집어 두는 경우도 있었다. 밥의 복사열을 이용하는 방법으로 일리가 없는 것은 아니다. 그러나 자칫 밥을 쏟을 위험이 있다. 또 화상을 입을 가능성도 높다. 따라서 시도하지 않는 게 좋다.

소피's
보는 즐거움 백배

단호박 영양밥

단호박은 그냥 쪄서 먹어도 맛있지만, 단호박 속에 쌀과 여러 가지 잡곡을 넣어 먹어도 달콤 고소하니 맛있어요. 여름철 기운 빠졌을 때도, 심심한 밥 먹어야 할 때도, 기름진 고기를 먹어야 할 때도 어디서나 제 몫을 다 하는 단호박 영양밥 1통이면, 4인 가족 한 끼 걱정 끝!

조리도구
더치오븐

 요리재료
단호박 1통, 쌀 3컵(멥쌀, 찹쌀 반 반씩), 검은쌀 약간(없으면 빼도 무방), 검은콩 한 줌, 대추, 밤, 은행 등(집에 있는 잡곡과 견과류 이용하세요)

 사전준비
밥에 넣을 쌀과 잡곡, 견과류는 넣을 양만큼 집에 있는 것을 한 백에 넣어가서 씻어 불리면 편해요.

 요리팁
단호박 속을 채울 쌀과 잡곡은 미리 1시간 이상 불려 주세요. 찔 때 단호박 뚜껑을 열어 놓아야 쌀이 빨리 익어요. 트리벳 위에 포일을 두 장 정도 깔고 단호박을 얹으면 꺼낼 때 편해요.

Recipe

❶ 쌀과 잡곡, 견과류는 미리 씻어 1시간 이상 불려놓으세요. 단호박은 씻어서 물기를 닦고, 꼭지 부분을 5각형 모양으로 칼로 잘라 뚜껑을 냅니다. 그리고 숟가락으로 호박 속을 깨끗하게 파내 주세요. 속을 파낸 단호박 안에 불려둔 쌀과 잡곡을 채워 넣습니다.

❷ 단호박 속을 채운 뒤 물을 넣어주세요. 단호박 밖으로 물이 넘치지 않을 정도면 됩니다. 더치오븐에 물 1컵을 붓고, 트리벳을 깔고, 그 위에 단호박을 얹습니다.

❸ 더치오븐 뚜껑을 덮고 쪄 줍니다. 단호박 뚜껑은 닫지 마세요. 쌀이 잘 익지 않아요. 짜잔 단호박 영양밥 완성이요. 단호박을 5~6등분으로 잘라 앞접시에 하나씩 덜어 먹으면 좋아요. 고기 요리가 메인일 때 한 조각씩 먹어도 든든하죠.

소피's
누룽지까지 영양 만점

영양밥

캠핑장에서 이것저것 넣어 한 냄비 밥을 지어 나눠먹는 일. 든든하고 좋죠? 더치오븐에 잡곡 넣고 밥을 했더니 밥이 꽃처럼 화려하게 되었어요. 양념장에 비비면 아이들도 한 그릇 뚝딱이죠. 바닥에 누른 누룽지도 별미죠.

 조리도구
더치오븐 or 코펠

 요리재료
쌀 3컵, 흑미 1큰술, 기장 1컵, 완두콩 두 줌, 검은 콩 두 줌, 표고버섯 3개, 은행 10알, 대추 5알, 달래양념장(간장 4큰술, 국간장 1큰술, 매실액 1큰술, 고춧가루 2큰술, 다진 마늘 1큰술, 다진 파 1큰술, 깨소금 1큰술, 참기름 1큰술, 육수 2큰술, 달래 한 줌)

 사전준비
쌀과 콩은 잘 씻어 1시간 정도 불려주세요.

Recipe

❶ 재료들을 1시간 정도 불려 더치오븐에 넣고 준비합니다. 표고버섯도 채 썰어 넣어주세요. 물은 손가락 한 마디 정도 부어주세요.

❷ 더치오븐에서 김이 나기 시작하면 약불로 줄여 주세요. 뜸들일 때 은행과 대추 썬 것을 넣어 뜸을 들입니다. 양념장을 곁들여 드셔도 좋고, 김치랑 먹어도 맛있어요. 시원한 국을 함께 해도 좋겠죠?

소피's
탱글탱글 겨울 굴 맛

굴무밥

굴은 담백하니 구워먹어도 고소하지만, 월동 무와 함께 넣고 밥을 지어 양념장에 쓱쓱 비벼 먹어도 맛있어요. 탱글탱글 입 속에서 맴도는 그 굴 맛이란…. 흐흐. 겨울철, 싱싱한 굴과 움츠러들었던 기운을 북돋워 주는 월동 무로 지은 굴무밥 강추해요. 겨울캠핑도 거뜬합니다.

조리도구
더치오븐 or 코펠

요리재료
쌀 5컵, 굴 300g 짜리 1봉지, 월동무 1/4개, 당근 약간, 양념장(간장 3큰술, 국간장 1큰술, 참기름 1큰술, 청주 1큰술, 고춧가루 2큰술, 다진 마늘 1큰술, 다진 파 1큰술, 통깨 1큰술, 매실액 0.5큰술)

사전준비
굴은 마트에서 비닐포장 된 것 사서 아이스박스에 넣어가세요. 흐르는 물에 살짝 흔들어 씻어주고, 껍질이나 불순물을 제거합니다. 밥에 넣고 남는 것은 굴전이나 굴튀김 등 다른 요리에 활용하셔도 되어요. 양념장은 만들어 두고 집에서도 여러 요리에 활용하실 수 있어요.

요리팁
굴은 밥 뜸들일 때 넣어요. 싱싱한 굴이 살짝 익어 향긋하고 맛있어요. 더치오븐으로 밥을 지으면 누룽지까지 굴향이 배어 정말 맛있어요. 무는 너무 얇게 채 썰지 마세요. 잘 부서지니까요.

Recipe

❶ 쌀은 30분~1시간 정도 불려 냄비에 담고 살짝 볶다가 물을 붓고 밥을 짓습니다. 밥이 끓으면 약불로 줄여 밥물이 거의 줄어들 때쯤, 채 썰어 둔 무와 당근을 후다닥 올려주고 뚜껑을 닫으세요.

❷ 뜸들일 때 씻어 놓은 굴을 올려주고 뚜껑을 닫습니다. 그 사이 양념장을 준비해 둡니다.

❸ 뜸이 들었네요. 짜잔 굴무밥입니다. 양념장에 비벼 드세요. 저는 달래를 넣었어요. 달래는 겨울에도 마트에 나옵니다. 저는 봄동된장국을 곁들여 먹었어요. 깔끔합니다. 제가 좋아하는 메뉴예요. 봄동 가격도 엄청 저렴하고 쓰임새가 많거든요. 강추입니다.

탱구리댕댕's
겨울 입맛을 살리는

홍합밥

홍합은 굽고, 국물을 내고, 밥을 해도 다 맛있어요. 찹쌀에 홍합을 넣고 무쇠솥으로 지은 밥을 맛난 양념장으로 쓱쓱 비벼 먹으면 밥 한솥이 다 뱃속으로 들어가려고 해요. 엄청 무서운 밥이죠. 식구들이 전부 다 맛있다고 야단납니다.

조리도구
더치오븐 or 코펠

요리재료
찹쌀 2컵, 껍질을 깐 홍합 1컵, 당근 반 개, 표고 2장, 양념장(파, 마늘, 간장, 깨, 참기름, 고춧가루)

사전준비
홍합은 손질이 되어 냉동된 것으로 사면 편합니다.

요리팁
그냥 쌀도 좋겠지만 찹쌀로 밥을 지으면 더욱 맛있습니다.

Recipe

❶ 찹쌀을 씻어서 물에 불려주세요. 당근과 표고를 깍둑썰기 해주세요.

❷ 양념장을 만들어주세요. 물과 쌀을 1:1 비율로 무쇠솥에 넣고 센불에 가열해주세요.

❸ 밥 되는 냄새가 나면 뚜껑을 열고 홍합, 당근, 표고를 넣고 약한 불에 5분간 더 가열해주세요. 불을 끄고 15분간 뚜껑을 열지 말고 그대로 두세요. 뜸 들이는 시간입니다.

❹ 그릇에 홍합밥을 담고 양념장을 곁들여서 먹기만 하면 됩니다.

탱구리댕댕's
봄날의 서해안 별미

주꾸미 카레

주꾸미가 제철인 봄이에요. 서해안쪽 캠핑장에 가면 주꾸미 사다 각종 요리를 해먹잖아요. 주로 어른들 술안주용으로. 아이들에게 잘 먹일 수 있는 방법을 생각하다 카레를 넣었더니 초절정 인기를 얻네요. 물론 어른들도 잘 먹고요. 초장이 질린 분들에게 강추에요.

조리도구
코펠

요리재료
카레 1팩, 감자 3개, 당근 반 개, 양파 1개, 주꾸미 5마리

사전준비
주꾸미는 캠핑장 가까운 바닷가에서 사면 싱싱하고 값도 싸겠죠. 물론 봄철 서해에서. 야채는 집에서 손질해 담아가세요.

요리팁
주꾸미는 오래 익히면 질겨져요. 살짝 데쳤다가 마지막에 넣어주세요.

1

2

3

Recipe

❶ 감자, 당근, 양파를 깍둑썰기하세요. 식용유를 넣고 볶아주면 좋겠지만 귀찮으시면 바로 물을 붓고 끓이세요. 저도 그렇게 했어요.

❷ 주꾸미가 살짝 익었으면 건져내주세요. 너무 오래 익히면 질겨져요. 재료가 다 익었으면 잠시 불을 끄고 카레를 넣어주세요.

❸ 다시 불을 켜고 중약불에 졸여주세요. 미리 꺼내놓았던 주꾸미를 다시 넣어서 약한 불에 살짝 끓여주세요. 카레 완성입니다. 어제 먹다 남긴 식은 밥에 뜨거운 카레 올려서 먹으면 그야말로 따봉!

소피's
후루룩 뚝딱

도토리묵밥

캠핑장에서 뭔가 출출해질 때, 묵과 김치 썰고 김가루 올려 후루룩 한 그릇 말아 뚝딱 비워내는 도토리 묵밥. 따끈하게도, 시원하게도 먹을 수 있는 도토리 묵밥. 추천이요.

조리도구
코펠 or 더치오븐

요리재료
밥 4공기, 도토리묵(400g 정도) 1팩, 총총 썬 신김치 두 줌, 오이 1개, 다진 쪽파, 깨소금, 김가루, 참기름. 양념장(간장 3큰술, 국간장 1큰술, 고춧가루 2큰술, 참기름 1작은술, 다진 마늘 1작은술, 다진 파 1큰술, 통깨 약간)

사전준비
김치는 집에서 총총 썰어 밑간을 해서 밀폐용기에 담아가면 캠핑장에서 김칫국물 묻은 도마 안 씻어도 되겠죠? 양념장도, 육수도 집에서 만들어 밀폐용기에 넣어 가면 양념 챙기기 번거롭지 않아요. 저는 육수를 다시백에 멸치랑 다시마 넣어 가서 코펠에 퐁당 넣어 우려 먹었어요.

요리팁
비법? 육수 하나면 끝이죠. 쉬운 멸치, 다시마 육수로 해결하세요. 육수를 데워 따끈하게도, 육수를 식혀 차게도 드실 수 있어요. 메밀묵으로 해도 맛있어요.

Recipe

❶ 묵과 오이는 채 썰고, 김치는 총총 썰어 준비합니다. 쪽파는 다졌고요. 김가루도 준비해주세요. 씹히는 맛이 있었으면 해서 오이를 준비해 봤어요. 없으시면 빼도 상관없어요.

❷ 총총 썬 김치에 참기름과 깨소금을 약간 넣어 밑간을 해 주었어요. 그릇에 밥을 담고 그 위에 묵, 김치, 오이, 쪽파를 올리고, 육수를 적당히 부어주세요. 김가루를 뿌려 양념장과 함께 곁들여 냅니다. 양념장은 취향에 따라 넣어주세요.

탱구리댕댕's
장을 볼 필요가 없는
김치밥

캠핑 갈 때마다 장보는 것이 두려우신 분, 김치밥을 해서 드셔보세요. 집에 있는 재료만 가지고도 맛난 밥이 됩니다. 저장 식품으로 차리는 검소한 한 끼 식사에요. 담백하고 깔끔한 맛이 좋습니다. 너무 고기만 좋아하는 분들에게 강추합니다.

조리도구
더치오븐 or 코펠

요리재료
김치 1포기, 쌀 2컵, 간장 5큰술, 참기름 약간, 참깨

사전준비
맛있게 익은 김치를 이용해주세요. 작년에 담은 김장김치가 좋아요.

Recipe

❶ 묵은 김치를 흐르는 물에 씻어주세요. 김치를 먹기 좋은 크기로 잘라주세요.

❷ 쌀을 씻어서 더치오븐에 담아주세요. 쌀에 김치를 올리고 뚜껑을 덮어 센불에서 가열하다가 밥 냄새가 나면 약한 불로 줄이고 15분 정도 뜸을 들여 주세요. 밥 짓는 동안 간장과 참기름, 참깨를 넣고 양념장을 만들어주세요.

❸ 김치밥을 그릇에 담고 양념장에 비비면 완성. 어린 시절 간장에 깨소금, 참기름 넣고 비벼 먹던 맛이에요. 애들도 잘 먹어요.

산불's
고소한 장에 비벼 한 그릇 뚝딱!
콩나물밥

집에서도 많이 해먹는 요리죠. 구수한 콩나물밥에 달래 넣은 참기름장을 비벼 먹으면 반찬이 필요 없죠. 조리법은 아주 간단합니다. 단, 콩나물은 수분이 많아 물 조절을 잘 해야 맛있는 밥이 됩니다.

 조리도구
코펠 or 더치오븐

 요리재료
쌀 500g, 콩나물 300g, 양념장(간장, 달래나 다진 파, 깨소금, 참기름)

 사전준비
양념장은 사전에 만들어 가는 게 손을 줄입니다.

Recipe

❶ 쌀은 씻어 물에 불립니다. 콩나물은 꼬리를 다듬고 물기를 없앱니다.

❷ 코펠에 쌀을 얹히고, 그 위에 콩나물을 올립니다. 물은 평소보다 적게 잡아주세요. 콩나물에서 물이 많이 나옵니다. 밥물이 끓으면 약한 불에서 15분 정도 뜸을 들입니다.

❸ 밥이 되는 동안 양념장을 준비합니다. 참기름과 깨소금을 듬뿍 넣어야 고소합니다. 달래가 없으면 파를 다져 넣습니다. 매콤한 맛을 좋아하면 청양초를 넣습니다.

❹ 밥이 다 되면 밥과 콩나물을 골고루 섞어 그릇에 담아냅니다.

소피's
시원한 국물의 시작과 끝

백합 조개탕

국물요리 중에 제일 간단한 것이 아닐까 싶네요. 조개만 넣어 끓이면 되는…. 그러나 국물 맛은 시원함이 그만이죠. 청양고추 하나 썰어 넣으면 매콤한 맛이 더욱 좋아요. 조개 깨끗이 씻어 보글보글 끓여서 국물 맛 좀 보세요. 아, 태안 몽산포가 그립네요.

조리도구
코펠

요리재료
백합 1봉지, 대파, 소금, 후추, 다진 마늘 1/2큰술, 청양고추 1개

사전준비
조개는 현지에서 구입하면 더욱 좋아요. 마트에서 파는 것은 해감해서 나온 조개를 봉지째 사가서 깨끗이 씻어 준비해요.

요리팁
너무 오래 끓이지 마세요. 조개는 바지락도, 모시조개도, 홍합도 모두 맛나요.

Recipe

❶ 조개를 깨끗이 씻어 끓는 물에 넣습니다. 뚜껑을 닫고 조개 입이 벌어질 때까지 끓여요.

❷ 물이 끓어오르면서 생기는 거품을 걷어내 주세요. 소금, 후추로 간을 하고, 대파를 넣어 그릇에 담아냅니다. 취향에 따라 고추를 넣어보세요. 국물 맛이 끝내줘요.

소피's
캠핑장 단골 국물요리
어묵탕

빼놓을 수 없는 국물요리, 어묵탕이에요. 밤늦게 캠핑장에서 소주 한 잔 할 때 단골로 먹는 메뉴지요. 술 좋아하는 이웃들과 함께 캠핑을 가면 꼭 마지막에 등장하는 국물요리랍니다. 따끈하게 속 풀어주는 어묵탕. 고소한 국물 맛을 느껴보세요.

조리도구
코펠

 요리재료
꼬치어묵 1봉지, 대파 1개, 무 1/4개, 국간장, 소금, 후추 약간, 육수(멸치, 다시마)

 사전준비
어묵은 여러 종류 어묵이 들어 있는 어묵탕용 어묵이 좋더라구요. 육수는 미리 만들어 페트병에 넣어 가거나 다시백 이용하면 편해요.

 요리팁
어묵탕, 저의 비법은 육수에 있어요. 깔끔한 멸치, 다시마 육수.

Recipe

❶ 어묵은 꼬치어묵이라 그대로 썼어요. 무와 대파를 적당한 크기로 썰어줍니다.

❷ 우려낸 육수에 무를 먼저 넣어 한소끔 끓입니다. 무의 시원한 맛이 우러나고, 또 무를 말랑말랑 익히기 위해서요. 뚜껑을 덮고 이 상태로 끓여줍니다.

❸ 김이 나기 시작하면 어묵과 대파를 넣습니다. 회심의 국간장 2~3큰술 정도 넣어줍니다. 모자란 간은 소금으로 대신하구요. 간장을 많이 넣으면 국물색이 시커멓게 되니까요. 마지막에 후춧가루를 뿌려냅니다. 취향에 따라 청양고추 한 개 썰어 넣으면 얼큰해져요. 또 하나의 비법은 마른 미역을 아주 쬐~끔 물에 불려 잘게 다져 무와 같이 넣어 끓여도 맛있어요.

탱구리댕댕's
건져 먹는 재미가 콸콸

수제비 동태탕

시원한 국물이 좋은 동태탕 많이들 좋아하시죠? 무와 콩나물이 들어가 해장에도 그만이잖아요. 여기에 수제비를 넣어주면 국물 맛이 더 좋아집니다. 무엇보다 건져 먹을 게 있어서 푸짐한 요리가 됩니다. 그래서 어른들만이 아니라 아이들도 잘 먹어요.

조리도구
코펠

 요리재료
동태 1마리, 콩나물 1팩, 무, 마늘, 파, 양파, 밀가루 2컵, 고춧가루 2큰술, 국간장 1큰술, 소금, 후추

 사전준비
동태와 야채는 집에서 미리 손질해 지퍼백에 넣어 아이스박스에 담아 가면 편해요.

 요리팁
시원한 동태탕을 위해 무와 콩나물을 넣어주세요. 콩나물 비린내를 막기 위해 뚜껑을 덮고 끓여주세요.

Recipe

❶ 밀가루와 물을 넣고 수제비 반죽을 해주세요. 무, 양파를 숭덩숭덩 잘라주세요.

❷ 동태, 콩나물, 무, 양파, 고춧가루, 소금, 후추, 그리고 생수 1리터를 넣고 뚜껑을 덮은 다음 센불에 끓여주세요. 끓어오르면 불을 약하게 줄이고 수제비를 떠 넣어주세요.

❸ 다시 뚜껑을 덮고 센불에 한 번 더 끓여 수제비가 다 익으면 완성입니다. 수제비가 부족하면 얼른 반죽해 더 넣으면 됩니다. 무한리필 수제비!

소피's
속을 풀어주고 채워주는
굴국

날씨가 쌀쌀해지면 뜨끈하고, 시원해지는 국물 생각이 간절해지죠. 굴국은 술 한 잔 후 더욱 생각나는 국물 요리예요. 무와 함께 속을 풀어주고, 또 채워주는 뜨끈한 국물. 굴국 대령이오.

조리도구
코펠

요리재료
굴 1봉지(150g), 무 1/4개, 마른 미역 약간, 두부 1/2모, 대파 1개, 국간장 2큰술, 소금, 취향에 따라 청양고추 1개, 육수(멸치, 다시마)

사전준비
굴은 비닐포장 한 것을 아이스박스에 넣어가 깨끗이 흔들어 씻어 주면 되고, 멸치 다시백을 가져가면 편해요. 육수를 우려 담아가도 편하고요.

Recipe

❶ 무는 나박썰고, 두부는 깍둑썰기를 해주세요. 마른 미역은 찬물에 살짝 불려 잘게 다져 준비해 둡니다. 멸치, 다시마 육수에 무를 넣어 한소끔 끓입니다. 깔끔한 멸치, 다시마 육수와 아주 쬐끔 넣어주는 미역이 포인트!

❷ 두부와 굴을 넣고, 국간장으로 간을 하고, 모자란 간은 소금으로 해주세요. 파와 미역을 넣고 한 번 후루룩 끓인 뒤 드세요. 취향에 따라 청양고추 1개를 다져 넣으면 매콤하고 시원합니다.

소피's
여름철 노지감자로 끓이는
감자국

요즘은 마트에서 사계절 내내 감자를 볼 수 있지만, 여름 노지감자가 최고죠. 시원하고 담백한 감자국. 캠핑장에서도, 집에서도, 어린 아이들 밥 말아 먹여도 좋은, 무엇보다 비오는 날 잘 어울리는 감자국이에요.

조리도구
코펠

요리재료
감자(큰것) 1개(중간것은 2개), 양파 1/2개, 두부 1/2모, 다진 마늘 1큰술, 국간장 2큰술, 소금 적당량, 후춧가루, 대파 약간, 고춧가루 약간. 육수(멸치, 다시마)

사전준비
마트에서 멸치다시백 사서 가져가세요. 캠핑장에서 편해요.

Recipe

❶ 냄비에 멸치와 다시마를 넣고 육수를 냅니다. 감자와 양파를 먹기 좋은 크기로 썰어요. 마늘은 다져놓습니다. 두부는 깍둑썰기, 대파는 어슷썰어 준비합니다.

❷ 육수가 끓으면 멸치와 다시마를 건져내고, 썰어둔 감자와 양파를 넣습니다. 다음은 두부와 다진 마늘을 넣어주고요.

❸ 간은 국간장 2큰술을 넣고, 모자란 간은 소금으로 하세요. 마지막으로 대파를 넣고, 후춧가루 뿌려 마무리. 취향에 따라 청양고추 1개 썰어 넣으면 얼큰하고 시원해요. 썰어 둔 다시마를 올려 냅니다.

PART
7

면

산불's
바지락과 면발의 환상조합

봉골레 스파게티

스파게티를 제대로 즐기는 요리입니다. 바지락을 넣어 요리된 모양도 예쁘고, 맛도 좋습니다. 손님을 초대해 솜씨를 부려도 좋은 아이템이죠. 캠핑장은 물론 집에서도 쉽게 응용할 수 있죠. 점심으로 강추합니다.

조리도구
더치오븐 or 코펠

 요리재료
스파게티 면, 바지락 200g, 마늘, 파, 올리브 오일

 사전준비
바지락과 스파게티 면은 마트에서 살 수 있습니다.

 요리팁
스파게티 면을 너무 익히면 맛이 떨어집니다. 씹었을 때 조금 덜 익은 느낌이 좋습니다. 올리브 오일은 좋은 것으로 듬뿍 넣어줘야 수분 증발도 막고, 면발이 부드럽게 유지됩니다.

1

2

3

Recipe

❶ 큰 코펠에 물을 붓고 끓입니다. 물이 끓으면 스파게티 면을 넣고 삶습니다. 이때 물은 충분히 잡아주어야 스파게티 면이 달라붙지 않습니다.

❷ 스파게티 면이 삶아지는 동안 더치오븐을 달굽니다. 마늘 다진 것과 파 등의 야채도 준비합니다. 더치오븐이 뜨겁게 달구어지면 약간의 물과 바지락을 넣고 팔팔 끓입니다.

❸ 조개 입이 활짝 열리면 끓여 놓은 스파게티 면을 건져 더치오븐에 넣습니다. 이때 스파게티 면발은 씹었을 때 조금 딱딱한 느낌이 나게 합니다. 다진 마늘과 파, 올리브 오일을 넣고 살짝 더 볶으면 완성! 수분이 부족하면 스파게티 삶을 물을 약간씩 부어줍니다.

한박사's
토마토의 감칠맛이 살아있는

토마토 스파게티

사실 재료만 준비해 놓으면 라면보다 쉬운 요리가 스파게티에요. 좀 과장해서지만, 생토마토가 들어가 감칠맛이 더합니다. 달달해서 아이들이 무척 좋아하죠. 그리고 토마토가 영양도 만점이잖아요. 가끔씩 쫄깃한 스파게티 면발도 그립고.

조리도구
프라이팬 or 코펠

 요리재료
토마토, 양파, 피망, 스파게티 면, 식초, 올리브 오일, 햄, 베이컨, 토마토 소스

 사전준비
야채는 미리 씻어서 준비해 가면 편합니다. 토마토 소스는 다양하게 판매되고 있으니 취향에 따라 고르면 되겠습니다.

 요리팁
토마토 소스와 함께 토마토를 꼭 넣어주세요. 스파게티 면을 삶을 때 보통 소금만 넣고 끓이는데, 식초와 올리브 오일 몇 방울 넣어주면 면이 더 쫄깃해 집니다. 토마토 껍질을 벗기는 이유는 스파게티를 먹다가 껍질이 입천장에 붙을 수 있어서랍니다.

Recipe

❶ 양파, 파프리카, 햄, 베이컨을 먹기 좋게 잘라주세요. 파프리카 꼭지 따는 법을 아시나요? 꼭지 부분을 꾹 눌러 꼭지가 속으로 들어가면 다시 꼭지를 잡고 쏙 빼면 잘 빠집니다. 토마토 껍질을 벗겨주세요. 토마토는 끓는 물에 살짝(1~2분 정도) 담근 후 꺼내면 껍질이 제거됩니다.

❷ 재료가 준비되면 면을 삶아요. 스파게티 면은 라면의 3배 이상 시간이 걸립니다. 중간 중간 한두 줄 꺼내서 익었는지 먹어보세요. 삶아서 건져낸 면은 올리브 오일을 발라서 면끼리 달라붙지 않게 잘 섞어주세요.

❸ 토마토 소스와 준비한 재료를 프라이팬에 넣고 볶아주세요. 재료가 다 익을 때쯤 면을 함께 넣고 볶아주세요. 토마토 농축액(토마토 페이스트)를 넣어주면 더 맛있어요. 그릇에 담고 파슬리를 뿌려주면 완성입니다.

한박사's
느끼하고 담백한 면이 생각날 때

크림 스파게티

가끔 아주 느끼한 것이 먹고 싶을 때가 있잖아요. 그럴 때는 어디서건 먹어줘야죠. 느끼한 크림 소스에 계란 노른자를 첨가해 더 담백하고 느끼하고 고소한 한박사표 크림 스파게티입니다. 사실 재료만 준비해 놓으면 라면보다 쉬운 게 스파게티에요. 도전해보세요.

조리도구
프라이팬 or 코펠

 요리재료
휘핑 크림 1통(250ml), 우유 100ml, 양파, 피망, 스파게티 면, 식초, 올리브 오일, 햄, 베이컨, 소금, 후추

 사전준비
야채는 미리 씻어서 준비해 가면 편합니다. 휘핑 크림은 요즘 소량으로도 다양한 제품이 나오니까 꼭 준비해 주세요.

 요리팁
스파게티 면을 삶으실 때 보통 소금만 넣고 끓이는데, 소금에 식초, 올리브 오일을 몇 방울 함께 넣으면 면이 더 쫄깃해집니다. 크림 소스에는 진짜 우유를 넣어주세요.

Recipe

❶ 면을 삶기 전에 재료를 준비합니다. 양파, 파프리카, 햄, 베이컨을 먹기 좋게 잘라주세요. 재료가 준비되면 면을 삶아요.

❷ 면 삶을 때 샐러리 잎을 넣어주면 향이 좋습니다. 스파게티 면은 라면의 3배 이상의 시간이 걸립니다. 중간 중간 한두 줄 꺼내서 익었는지 먹어보세요. 삶아서 건져낸 면은 올리브 오일을 발라서 면끼리 달라붙지 않게 잘 섞어주세요.

❸ 먼저 마늘을 프라이팬에 살짝 볶다가 피망, 양파 등 준비한 재료를 다 넣고 볶아주세요. 양파가 투명해질 때쯤 휘핑 크림 한 통(250ml)과 우유를 조금(100ml) 넣어주세요. 소금과 후추로만 간을 합니다.

❹ 계란 노른자 한덩이를 넣어주세요. 더 담백하고 고소하게 만들어줍니다. 재료가 다 익을 때쯤 면을 넣고 함께 볶아주세요. 그릇에 담고 파슬리를 뿌려주면 완성입니다.

소피's
고기도 먹고 국수도 먹고

갈쌈국수

우리 가족은 면요리라면 모두 좋아해요. 그러나 국수는 '끈기가 없어' 돌아서면 배가 꺼지지요. 이런 허전함을 보충해 줄 아이디어. 살짝 돼지고기를 곁들여 보았어요. 아주 굿 아이디어. 사실 집 근처 맛집이 있어 가보았다가 알게 된 메뉴랍니다. 강추입니다.

조리도구
스킬렛 or 프라이팬

요리재료
소면 두 줌, 오이 1개, 상추 4잎, 돼지고기(얇게 썬 앞다리살) 600g, 비빔국수 양념(고추장 3큰술, 고춧가루 1큰술, 간장 1큰술, 국간장 1/2 작은술, 매실액 1큰술, 식초 3큰술, 레몬즙 1/2~1큰술, 청주 1큰술, 참기름 1큰술, 다진 마늘 1큰술, 다진 파 약간), 돼지고기 양념(간장 3큰술, 국간장 1/2큰술, 매실액 1큰술, 사과 1/2+양파 1/4 갈은 것, 후춧가루 약간, 생강 약간, 다진 마늘 1톨, 청주 1큰술)

사전준비
비빔국수 양념과 돼지고기 양념은 미리 만들어 가면 편해요. 캠핑장에서 바로 먹을 거면 돼지고기를 미리 양념에 재워 가도 무방합니다.

요리팁
돼지고기는 밑간해 두었다가 구우면 기름이 빠져 쫄깃해요. 돼지고기는 프라이팬에 구워도 되고, 직화구이를 해도 됩니다.

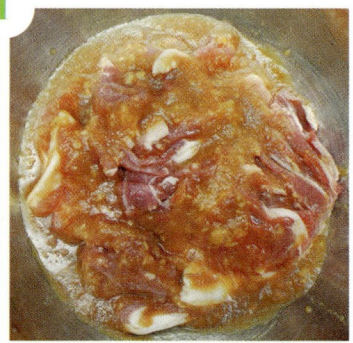

Recipe

❶ 돼지고기는 한입 크기로 썰고, 양념장을 준비합니다. 돼지고기를 양념에 재워둡니다. 간이 배어야 하니까요.

❷ 비빔국수 재료를 준비합니다. 오이와 상추, 양파는 채 썰어 준비하세요. 양념장을 만듭니다. 고명으로 계란 지단도 부쳤어요. 귀찮으면 안 넣어도 상관없습니다.

❸ 간이 밴 돼지고기를 팬에 올려 굽습니다. 노릇노릇 색이 날 때까지 구워주세요. 중간중간 집게로 살살 뒤집어 주시구요. 국수는 삶아 건져서 물기를 빼고 준비한 채소와 양념장으로 팍팍 무쳐 주세요. 그런 후 돼지고기와 곁들여 냅니다.

댕구리댕댕's
한여름을 시원하게
검은콩국수

시원하고 약간 달큰한 콩국수를 즐겨 먹는데, 노란콩도 좋지만 검은콩으로 만들어 먹으면 건강에 더욱 좋아요. 탈모 고민하는 분들 날마다 검은콩국수 먹어보아요. 검은 머리카락이 무럭무럭 자라난답니다. 한여름 캠핑장에서 즐기는 콩국수, 매력 있어요.

조리도구
코펠

요리재료
검은콩 1컵, 검은깨 1큰술, 소면국수, 오이, 설탕과 소금 약간씩

사전준비
집에서 콩국수물을 만들어 냉동실에 넣어 꽁꽁 얼려가면 캠핑장에서 시원한 콩국수를 맛볼 수 있어요.

요리팁
콩을 잘 삶는 것이 가장 중요해요. 너무 익으면 메주 냄새가 나고 설익으면 콩비린내가 나요. 콩을 삶는 물이 끓어오를 때마다 물 1/3컵을 세 번에 걸쳐 부어주면서 끓이면 딱 맞게 삶아져요.

Recipe

❶ 검은콩 한 컵을 씻어서 물에 5시간 정도 불려주세요. 불린 콩을 냄비에 담고 삶아주세요. 한 컵의 물을 세 번에 걸쳐 콩이 끓어오를 때마다 부어주세요. 삶아진 콩이 식으면 검은깨를 넣고 소금, 설탕 간을 한 후 믹서기에 갈아주세요.

❷ 냉동실에 얼려 놓았다가 캠핑장 갈 때 아이스박스에 담아가세요. 오이를 채썰어주세요. 콩 삶을 때처럼 충격수를 부어주면서 쫄깃하게 소면을 삶아주세요.

❸ 찬물에 헹군 소면을 그릇에 담고 콩국을 부어주면 됩니다. 콩국물은 농도를 봐가며 걸쭉할 정도로 물을 넣어주세요. 여름에 어울리게 수박 한조각 얹어주면 더 예쁘겠죠?

이엔's
가슴까지 얼얼한

냉라면

여름에 간단하게 라면을 먹고 싶은데, 땀 삐질삐질 흘려가며 먹기 부담스럽죠. 그럴 때 집에서 미리 준비해 간 냉라면 국물로 가슴까지 뻥 뚫리게 해주세요. 라면을 어떻게 차갑게 먹지? 하는 편견만 버리시면 됩니다. 새로운 것에 대한 도전, 냉라면.

조리도구
코펠

요리재료
라면 4개, 김치 1/3포기, 설탕, 식초, 참기름, 오이 1개

사전준비
냉동라면 국물, 김치고명을 집에서 미리 만들어 갑니다.

요리팁
라면 국물의 냉동작업이 포인트! 라면은 너무 삶아 퍼지지 않도록 합니다. 면은 찬물에 담그면 훨씬 쫄깃해집니다.

Recipe

❶ 채썬 김치에 적당량의 식초와 참기름, 설탕을 넣고 버무려 준 후 냉장보관 합니다. 일반적으로 라면을 끓일 때 사용하는 물의 1/5 정도만 넣고 라면 국물만 끓입니다. 국물이 어느 정도 식으면 사각얼음통에 국물을 넣고 냉동실에 얼립니다. 여기까지는 집에서 미리 준비해주세요.

❷ 끓는 물에 면만 넣고 익힙니다. 면이 익는 동안 고명으로 쓸 오이를 채썰어줍니다.

❸ 면이 익으면 찬물로 식혀줍니다. 식힌 면을 그릇에 담고, 냉동 라면 국물을 부어주세요.

❹ 국물을 적게 해 짤 수 있으니, 맹물을 적당량 넣어줍니다. 마지막으로 미리 만들어 놓은 김치 고명과 채 썬 오이를 올려주면 완성입니다.

뽀글맘's
속풀이에 그만

해물칼국수

캠핑장에서 아침 저녁으로 제법 쌀쌀해지면 따끈한 국물이 생각나죠. 특히나 전날 밤에 많이들 달렸다면 그 쓰린 속을 풀어줄 국물이 더더욱 그립겠죠. 해물 육수가 진하고 얼큰한 해물칼국수라면 이 모든 해장을 한방에 해결합니다. 특히나 바닷가 캠핑장이면 그 맛이 더하겠죠.

조리도구
코펠

 요리재료
칼국수 4인용, 감자 1개, 파 1뿌리, 양파 약간, 호박, 낙지 1마리, 바지락 작은 것 1봉지, 미더덕 반 주먹, 양념(국간장 1큰술, 조림간장 3큰술, 소금 2큰술, 마늘 약간), 육수재료(꽃게 반 마리, 멸치 8마리, 새우 반 줌, 북어머리 1개, 대추 3알, 표고버섯 기둥 6개

 사전준비
바닷가 캠핑장 근처 어시장에서 재료를 구입하면 싱싱하겠죠. 양념장은 집에서 미리 만들어 가면 편해요. 야채는 깨끗이 손질해 담아 가고.

 요리팁
싱싱한 해물을 구입하는 게 중요해요. 바닷가 캠핑장이라면 근처 어시장을 이용하세요.

1

2

3

Recipe

❶ 해물을 깨끗이 씻어서 준비해주세요. 면보 안에 멸치, 새우를 넣어주세요.

❷ 물을 넣은 냄비에 육수재료를 넣고 센불에 팔팔 끓여주세요. 팔팔 끓기 시작하면 불을 약하게 줄여준 다음 10분 정도 끓여주세요. 그다음 양념재료를 넣은 뒤 양파, 감자, 파를 넣고 한 번 더 끓여주세요.

❸ 감자가 어느 정도 익으면 칼국수와 해물을 넣고 국수가 익을 때까지 끓여주면 완성입니다.

산불's
시원 칼칼한

닭칼국수

서울 동대문시장 골목에 몰려 있는 닭칼국수집에서 닭 한 마리를 먹어 본 이들은 알 겁니다. 신김치를 넣고 끓여낸 육수의 시원하면서도 칼칼한 맛을. 신김치가 닭의 누릿내를 없애주고 국물을 담백하게 해줍니다. 마무리로 칼국수를 넣어 먹으면 포만감이 그만이죠.

조리도구
더치오븐 or 코펠

 요리재료
볶음용 닭 1마리, 신김치(300g), 칼국수, 감자, 양파, 마늘, 파, 팽이버섯, 고추장

 사전준비
김치는 국물까지 넉넉하게 준비합니다. 볶음용 닭은 마트에서 구입해 가면 됩니다.

 요리팁
반드시 신김치가 있어야 칼칼한 국물맛을 보장합니다. 육수는 넉넉하게 잡아야 나중에 부족하지 않습니다.

Recipe

❶ 더치오븐에 육수를 잡고 닭고기와 굵게 깍둑썰기를 한 감자, 양파를 넣습니다. 분량의 김치와 김치 국물을 넣고 한소끔 끓입니다.

❷ 더치오븐에서 김이 새어나오면 불을 중불 이하로 줄여 10분쯤 더 끓입니다. 마무리로 팽이버섯을 넣어줍니다. 먼저 닭고기와 감자를 건져 먹습니다.

❸ 닭고기를 먹고 난 후 칼국수를 넣습니다. 이때 육수가 부족하면 물을 더 부어 면이 쫄지 않게 합니다. 칼국수는 면발이 굵어 5분 이상 끓여줍니다.

탱구리댕댕's
해장할 때 생각나는

조개 수제비

바닷가 근처 캠핑장에 가면 화롯불에 조개구이 많이들 해먹죠. 먹을거리 많은 캠핑장에서 다 먹지 못해 남겼다면 다음날 조개 넣고 시원하게 수제비 끓여서 드셔보세요. 해장에 기가 막히게 좋아요. 물론 아이들도 수제비를 넣어서 맛있게 잘 먹어요.

조리도구
코펠

 요리재료
조개 한 사발, 수제비 가루 2팩, 감자 1개, 양파 반 개, 마늘 1쪽, 파 1뿌리, 청양고추 1개

 사전준비
기왕이면 바닷가 캠핑장 갈 때 근처에서 싱싱한 조개로 준비하세요. 야채는 미리 손질해 담아가세요.

 요리팁
수제비 가루로 나오는 제품을 이용하면 손에 안 붙고 맛도 쫄깃한 게 좋아요. 바닷가 인접 캠핑장 추천!

 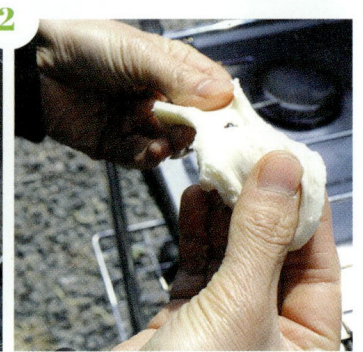

Recipe

❶ 수제비 반죽을 하고 5분 정도 숙성시켜주세요. 끓는 물에 조개를 넣고 데친 다음 건져주세요. 혹시 흙이 들어 있을지 모르니 육수 윗물만 다른 냄비에 부어주세요.

❷ 육수가 팔팔 끓으면 썰어놓은 감자를 넣고 수제비 반죽을 떼어서 넣어주세요.

❸ 양파, 마늘, 파, 청양고추 등 준비한 야채를 넣고 한소끔 끓여주세요. 기호에 따라 김가루나 계란을 곁들여 먹으면 됩니다.

챈서맘's
색다른 면요리가 생각날 때
야끼우동

즉석 짜장면에 질렸다면 도전해보세요. 맵지 않은 간장소스로 볶아 아이들과 함께 먹을 수 있어서 좋답니다. 늘 국물로 먹던 우동을 볶으니까 색다르기도 하고. 요리 과정도 그렇게 복잡하지 않아요. 양념맛도 내기 쉽답니다.

조리도구
철판 or 프라이팬

 요리재료
우동 3인분, 숙주 1봉지, 당근 1/3, 양파 1개, 대파 1뿌리, 냉동해물 한 줌, 마늘 5개, 가쓰오부시, 굴소스, 간장, 후추

 사전준비
야채는 미리 씻어서 비닐백에 담아가면 편해요. 해물은 냉동된 걸로 구입하면 여름에도 걱정 없이 사용할 수 있어요.

 요리팁
면을 먼저 삶아 준비해둡니다. 해물과 야채는 센불에서 재빨리 볶아주는 게 중요해요.

Recipe

❶ 필요한 재료를 집에서 준비해 지퍼백에 담아가면 편해요. 간장, 후추, 굴소스를 섞어 양념장을 준비해주세요. 개인취향에 따라 간장을 조절하세요.

❷ 우동면은 미리 삶아 물기를 빼서 준비해둡니다. 볶는 과정을 시작하면서 하면 편해요. 미리 씻어서 준비해온 야채를 잘게 잘라주세요.

❸ 참기름을 두르고 저민 마늘을 넣고 볶아주세요. 그다음 냉동해물을 넣고 다 같이 볶아줍니다. 해물이 중간 정도 익었을 쯤 준비된 야채를 넣고 볶아주세요.

❹ 야채가 거의 익었을 쯤 숙주를, 숙주 위에 미리 삶아 준비한 우동면을 올려주세요. 준비된 소스를 넣고 볶다 대파를 넣고 한 번 더 볶아주면 완성입니다.

탱구리댕댕's
초간단 여름 별미

쯔유 냉소면

아무리 시원한 것을 먹어도 갈증이 나는 여름. 간단하고 시원하게 해결하는 한 끼 식사가 최고죠. 즉석식품이지만 시원한 맛이 괜찮아요. 텐트 치면서 땀 흘린 캠퍼에게 권합니다.

 조리도구
코펠

 요리재료
각얼음 1봉, 쯔유, 소면, 생수 1리터, 오이 1개

 사전준비
쯔유를 집에서 얼려 가거나 캠핑장 가까운 곳에서 필요할 때 각얼음을 구입하면 됩니다.

Recipe

❶ 코펠에 물을 끓이고 소면을 삶은 다음 찬물에 헹구어 컵에 국수를 담아주세요. 그 위에 채 썬 오이도 올려주고. 소면을 삶을 때 찬물을 세 번 정도 끼얹어 주면 쫄깃한 면을 삶을 수 있어요.

❷ 생수에 쯔유를 섞어 냉국물을 만들고 얼음을 넣어주세요. 얼음이 녹으면서 간이 약해지니까 약간 짭짤하게 간을 맞춰주세요.

❸ 테이블에 국수와 냉국을 놓고 먹으면 됩니다. 국수 삶은 김에 비빔국수도 하면 더 좋고.

지그재그's
여름이면 생각나는

메밀생면

무더운 여름이 되면 생각나는 요리. 메밀의 고소한 맛과 질감, 갈아 넣은 무의 알싸한 맛, 겨자의 톡 쏘는 매운맛이 조화를 이뤄 일품. 한여름 더위를 물리치는 시원함이 최고. 무엇보다 라면 끓이듯이 간편히 먹을 수 있어 좋아요.

조리도구
코펠

요리재료
시중에 판매 중인 메밀생면, 무

사전준비
즉석식품이라 손질이 필요 없어요. 무는 깨끗하게 씻어서 필요한 만큼 잘라서 준비하세요.

Recipe

❶ 먼저 소스를 만들기 위해 무를 강판에 갈아 둡니다. 액상 소스를 그릇에 담아요. 소스를 집에서 살짝 얼려오면 더욱 시원하게 즐길 수 있겠죠? 건더기 수프를 넣어요. 식성에 따라 연겨자를 첨가해서 드세요. 미리 갈아둔 무를 넣어주세요.

❷ 소스가 준비되면 면을 삶아요. 면을 삶는 동안 소스를 준비하면 시간 절약. 면은 끓는 물에 5분. 삶는 동안 서로 엉키지 않도록 저어주세요. 삶은 뒤 찬물에 헹구고 물기를 빼주세요. 삶은 후 찬물에 빨리 헹굴수록 면이 쫄깃해집니다.

고인돌's
쌈장이 들어가 구수한
콩나물 라면

간밤에 많이 달리셨나요? 아침에 숙취, 또는 입맛이 없을 때 콩나물의 시원한 맛을 느낄 수 있는 해장 라면. 딱 한 그릇이면 됩니다. 속풀이로는 최강입니다.

 조리도구
코펠

 요리재료
라면 4개, 청고추 3개, 홍고추 3개, 콩나물 200g, 쌈장 2큰술, 양파 2개

 사전준비
재료만 준비해 가 캠핑장에서 만들면 됩니다.

Recipe

❶ 코펠에 물을 넣고 콩나물과 쌈장을 풀어서 끓입니다. 콩나물이 한소끔 끓으면 라면과 수프를 넣는데, 이때 수프는 3/4만 넣으세요. 싱거우면 이후에 수프를 추가하세요.

❷ 라면이 다 익으면 라면 면발처럼 가늘게 썬 야채를 넣고 섞어서 그릇에 담아주세요. 시원하고 구수한 콩나물 라면 완성입니다.

산불's
라면 국물이 구수해져요
누룽지 라면

누룽지를 이용한 초간편 라면 요리입니다. 라면만 끓인 것에 비해 부드럽고 담백합니다. 라면을 건져 먹은 후 누룽지는 나중에 먹습니다. 계란은 넣지 않는 게 누룽지의 담백한 맛을 살리는 길이죠.

 조리도구
코펠

 요리재료
누룽지, 라면, 파, 고추

 사전준비
누룽지는 코펠에 밥을 하면서 나온 것을 이용하거나 마트에서 사가세요.

Recipe

❶ 코펠에 물과 수프를 넣고 끓입니다. 이때 물의 양은 라면만 끓일 때보다 많이 잡습니다.

❷ 물이 끓으면 라면을 넣습니다. 라면이 풀어지면 누룽지를 넣습니다. 누룽지를 나중에 넣어야 풀어지지 않고 씹는 맛이 살아 있어요. 물을 너무 적게 잡으면 누룽지가 국물을 흡수해 죽이 되니 조심!

❸ 라면이 적당히 익으면 파와 고추를 넣습니다.

산불's
부드러운 라면의 재발견

순두부 라면

라면으로 해먹을 수 있는 초간편 요리죠. 순두부의 부드러운 맛이 더해져 일반 라면과는 느낌이 다릅니다. 순두부가 너무 풀어지지 않게 해야 떠먹는 즐거움이 있습니다. 청양고추를 넣으면 얼큰하게 먹을 수 있습니다. 아침 해장용으로도 괜찮습니다.

조리도구
코펠

요리재료
순두부 300g, 라면 2개, 표고버섯 약간, 계란 1개, 파, 양파, 고추

사전준비
라면과 순두부 등 요리 재료만 사가면 준비 끝!

Recipe

❶ 표고버섯과 양파, 파, 고추는 채 썰어 준비합니다.

❷ 코펠에 야채와 순두부, 수프를 넣고 끓입니다.

❸ 물이 끓으면 라면을 넣습니다. 3분 정도 익힌 후 계란과 파, 고추를 넣습니다.

산불's
라면의 변신은 무죄!

라면 골뱅이무침

골뱅이와 라면, 두 가지 인스턴트 식품을 이용한 초간편 요리입니다. 쫄깃한 골뱅이와 함께 라면의 식감이 별미죠. 라면은 면발이 퍼지지 않게 삶아내는 게 중요합니다. 양파와 실파 등 야채를 풍성하게 넣으면 맛과 모양이 좋습니다.

조리도구
코펠

요리재료
라면 1봉지, 골뱅이 1캔, 양파, 실파, 당근, 양념(고춧가루, 다진 마늘, 설탕, 간장. 식초)

사전준비
양념만 미리 준비해 가면 준비 끝!

Recipe

❶ 골뱅이는 채에 받쳐 두고, 국물을 따로 모아둡니다. 골뱅이를 먹기 좋은 크기로 썰고, 양파와 실파, 당근도 가늘게 채 썰어줍니다. 골뱅이 국물에 고춧가루와 다진 마늘, 간장, 설탕을 넣고 양념장을 만듭니다.

❷ 라면을 꼬들꼬들하게 삶아낸 후 찬물에 헹궈 건져냅니다. 퍼지지 않게 삶아야 합니다. 양념장에 골뱅이와 야채, 라면을 넣고 무쳐냅니다.

PART
8

간식

소피's
빠질 수 없는 팔방미인 간식

라볶이

어디서든 빠지지 않는 간식 중의 하나가 라볶이입니다. 캠핑장에서 한 냄비 만들면 어른 아이 할 것 없이 자꾸 손이 가죠. 여기다 시원한 콜라 한 잔이면 더할 나위 없는데요. 준비해 간 채소 활용하면 더욱 좋아요. 호호 불어가며 먹는 라볶이 한 젓가락 어떠세요?

조리도구
철판 or 프라이팬

 요리재료
라면 1봉지, 사각 어묵 1봉지, 떡볶이떡 한 줌, 양배추, 양파, 대파, 마늘, 양념(고추장 2큰술, 케찹 2큰술, 물엿 약간)

 사전준비
마트에 즉석식품으로 떡볶이 소스도 있으니 번거로우면 이용해 보세요.

 요리팁
아이들과 먹는 간식이니 케첩을 조금 넣어요. 매운 것 좋아하시면 고추장으로 대신하세요.

Recipe

❶ 어묵, 양파, 대파, 양배추 등 채소를 적당한 크기로 썰어주세요. 떡은 한입 크기로 썰어도 좋고, 그냥 쓰셔도 좋아요. 스킬렛에 물을 약간 넣고 끓이다가 물이 끓으면 고추장을 넣습니다.

❷ 케첩도 넣어 주고요. 물엿도 넣어주세요. 간을 보고 적당히 넣으세요. 많이 넣으면 달아요. 썰어 둔 떡과 어묵을 넣습니다. 야채들도 넣어주세요.

❸ 다른 코펠에 물을 끓여 라면을 넣고 삶습니다. 삶은 라면을 건져서 끓고 있는 양념에 넣어주세요. 대파를 넣고 한소끔 끓이고 불을 끕니다. 모자란 간은 취향에 따라 소금이나 간장을 약간 넣어주세요. 통깨를 뿌려 냅니다. 온 가족이 둘러앉아 라볶이 한 젓가락.

지그재그's
작아서 부담 없는

비엔나 미니 핫도그

캠핑장에서 간단히 아이들에게 만들어 줄 수 있는 간식 요리에요. 일반 핫도그 크기가 부담스럽거나 길에서 파는 핫도그의 위생이 걱정된다면 집에서도 간단히 만들어 줄 수 있겠지요? 아이들에게 점수도 따고 건강까지 챙길 수 있어 좋은 간단 요리랍니다.

조리도구
코펠

요리재료
핫케이크 가루, 계란, 우유, 비엔나 소시지, 빵가루, 기름, 당근, 케첩, 머스타드, 이쑤시개

사전준비
마트에서 파는 대로 구매해 가져가면 돼서 특별한 손질이 필요 없어요. 참, 당근은 깨끗이 씻어서 준비해 두세요.

요리팁
적당한 기름 온도를 맞추는 게 중요해요. 너무 뜨거우면 반죽이 타고, 너무 낮으면 잘 익지 않아요.

Recipe

❶ 당근을 다져줍니다. 비엔나 소시지는 뜨거운 물에 살짝 데치세요. 살짝 데친 비엔나 소시지에 이쑤시개를 꽂아요.

❷ 우유에 다진 당근, 계란을 넣어 잘 섞어주세요. 잘 섞은 후 핫케이크 가루를 넣고 반죽을 만듭니다. 반죽 농도는 살짝 점도가 있는 정도, 그러니까 주르르 흐르는 정도가 좋아요. 준비해 둔 비엔나 소시지에 반죽을 입힙니다.

❸ 이쑤시개를 손으로 잡고 돌돌 돌려가면서 익혀주세요. 기름 온도는 반죽을 살짝 떨어뜨려 떠오르는 정도가 적당해요. 한 번 튀긴 뒤 다시 반죽을 입혀주고, 그 위에 빵가루를 덧입혀줍니다. 빵가루에 파슬리 가루를 섞어주면 모양이 더욱 예뻐진답니다. 돌돌 돌려가면서 다시 튀겨주면 완성!

소피's
햄보다 밥이 더 맛있는

햄초밥

좀 덜 먹어줬으면 좋겠는데, 아이들은 물론이고 어른들도 햄을 무지 좋아합니다. 생협에서 사다 준 햄은 귀신같이 맛없다 하지요. 햄보다 밥을 더 많이 먹게 만드는 햄초밥. 간단한 조리법으로 한 끼 식사 인기 만점으로 해결됩니다.

조리도구
프라이팬

요리재료
슬라이스 햄 1봉지, 밥 2공기, 케첩 약간, 검은깨 약간, 배합초(설탕 1큰술, 식초 2큰술, 소금 1/3작은술)

사전준비
슬라이스햄은 한입 크기로 나온 것이 좋겠네요.

요리팁
배합초를 만들어 밥에 간을 하는 게 중요합니다.

Recipe

❶ 재료입니다. 분량대로 배합초를 만들어 밥에 넣어 줍니다. 검은깨도 좀 넣고. 없으면 그냥 통깨를 넣어도 상관없어요.

❷ 주걱으로 자르듯이 잘 섞어줍니다. 기름을 두르지 않은 팬에 햄을 올려 살짝 익혀주세요. 뜨거운 물에 살짝 데쳐내어도 됩니다.

❸ 밥을 한입 크기로 꼭꼭 쥐어 모양을 만들어 줍니다. 밥 위에 케첩을 조금씩 짜줍니다. 취향 것 양을 정하세요.

❹ 구운 햄을 한 장씩 올려 밥을 감싸줍니다. 예쁘게 검은깨로 장식해봤어요. 한입에 쏘옥 들어가는 햄초밥. 아이들이 완전 좋아하네요.

탱구리댕댕's
밥 안 먹고 도망 다니는 아이들을 위한
후리가케 주먹밥

영화 〈카모메식당〉에 나오는 주먹밥을 보면서 '나도 한번 만들어 봐야지' 했어요. 그렇게 만든 후리가케 주먹밥. 늘 밥 안 먹고 뺀질거리던 둘째딸이 왔다 갔다 하며 하나씩 집어 먹는데, 밥 한 공기 뚝딱이에요. 놀이처럼 아이들과 함께 만들 수 있어 더 좋아요.

조리도구
코펠

 요리재료
잔멸치 1컵(종이컵 기준), 마른 새우 1컵, 김자반 1컵, 참기름 1작은술, 밥 4공기

 사전준비
캠핑 가기 전날 멸치와 새우를 볶아서 후리가케를 만들어 통에 담아 가면 편해요.

 요리팁
잔멸치와 마른 새우를 기름 없이 볶아 식혔다가 빻으면 됩니다.

Recipe

❶ 재료를 준비해주세요. 잔멸치와 잔 새우를 기름 없이 프라이팬에 볶아주세요.

❷ 완전히 식을 때까지 기다렸다가 절구에 넣고 빻아주세요. 가루가 된 후리가케를 통에 담아 캠핑장에 가져가세요. 갓 지은 밥에 미리 준비한 후리가케와 김자반, 참기름을 넣고 비벼주세요.

❸ 위생장갑을 끼고 주먹밥을 만들어 주세요. 아이들과 함께 만들면 더 좋아요. 방울토마토와 함께 그릇에 담으면 예쁩니다. 하나씩 집어 먹는 재미가 있어요.

소피's
취향대로 골라 먹는

삼각김밥

아침 일찍 나가는 가족들을 위해 자주 싸는 삼각김밥. 캠핑장에선 더없이 간단하지만 맛있는 메뉴가 되더군요. 마트에서 다 포장해서 파는 삼각김밥세트에 밥만 살짝 양념하고, 속재료를 넣어 만들었어요. 취향이 다른 가족들을 위해 참치와 불고기를 준비했어요.

조리도구
프라이팬

요리재료
밥 2공기, 소금, 깨소금, 참기름 약간씩, 속재료(참치캔 1개, 마요네즈, 소금, 다진 양파 적당량, 소고기 다짐육, 양파, 간장, 후추, 물엿 적당량)

사전준비
삼각김밥세트를 사면 포장된 김 20장과 김밥틀이 들어 있어요. 나머지는 있는 재료 활용하세요.

요리팁
속재료를 여러 가지 조금씩 준비하면 골라먹는 재미가 있어요.

Recipe

❶ 다진 양파와 소고기를 넣어 프라이팬에 볶다가 간장, 후춧가루, 물엿으로 간을 합니다. 참치는 꼭 짜서 기름기를 쫙 빼주세요. 참치와 다진 양파, 마요네즈, 소금, 후추 약간을 넣어 버무려둡니다. 다진 김치와 참치를 함께 볶아도 좋아요.

❷ 밥에 소금, 깨소금, 참기름을 넣어 양념을 합니다. 삼각김밥세트에 들어있는 틀을 조립합니다. 그냥 끼우기만 하면 됩니다.

❸ 포장된 김을 놓고, 김밥틀을 놓습니다. 양념한 밥을 틀의 반만 채웁니다. 속재료를 한 큰술 넣어주고, 나머지 밥을 올려 채웁니다.

❹ 김밥틀을 빼고, 김을 접어 덮어주세요. 삼각형 모양으로 잘 감싸서 풀리지 않게 스티커를 붙여주세요.

소피's
고추기름으로 살짝 매콤한
퀘사디아

또띠아는 여러 가지 메뉴를 만드는 데 큰 도움이 돼요. 멕시코 요리지만 별 부담 없는 맛에 퀘사디아를 만들어요. 집에 사다 둔 또띠아와 피자치즈를 잘 넣어 캠핑장 가서 후다닥 해먹어요. 아이도, 어른도 좋아하는 간식. 혹은 점심으로 한 끼 때워도 좋은 메뉴예요.

조리도구
프라이팬 or 더치오븐

요리재료
또띠아 2장, 돼지고기 다짐육 한 줌, 피자치즈 적당량, 양파 1/2개, 고추기름 약간, 소금, 후추

사전준비
또띠아와 피자치즈는 사다 두면 여러 번 해먹을 수 있으니, 필요한 양만큼 비닐백에 넣어 가세요.

요리팁
또띠아가 큰 사이즈면 굽기 전에 가운데 부분에 살짝 칼집을 먼저 내어주세요.

Recipe

❶ 달군 팬에 다진 양파를 넣고 볶다가 돼지고기, 소금, 후춧가루, 그리고 고추기름을 넣고 함께 볶아줍니다. 고기의 잡냄새를 없애기 위해 청주를 1큰술 넣어줍니다. 소금과 후추로 간을 했지만, 간장 2큰술 정도 넣고 양념해도 더 맛있을 것 같아요.

❷ 또띠아 1장을 펴고, 그 위에 피자치즈를 듬뿍 올려줍니다. 볶은 돼지고기를 그 위에 올려주세요. 그 위에 다시 피자치즈를 적당히 올려주고요. 또띠아를 반으로 접어줍니다. 내용물이 밖으로 나오지 않게 접어주세요. 또띠아 끝에 물을 살짝 바르고, 끝부분을 손으로 눌러서 붙여주세요.

❸ 프라이팬이나 더치오븐을 달구어 치즈가 녹을 때까지 익혀줍니다. 또띠아가 커서 반으로 잘라주었어요. 구운 뒤에 자르면 또띠아가 잘 부서져요. 굽기 전에 반으로 살짝 칼집을 넣어주면 자르기 훨씬 편하답니다. 샐러드나 콘옥수수를 곁들여 드셔도 맛있어요. 오이피클도 좋구요.

지그재그's
지글지글 향긋한
콘치즈

식당에 가면 단골 메뉴 중의 하나인 콘치즈. 지글거리는 소리와 향긋하고 고소한 냄새가 입 안 가득 침이 고이게 하죠. 아이부터 어른까지 누구나 좋아하는 콘치즈. 무엇보다 캠핑장에서도 쉽게 만들어서 먹을 수 있어서 좋아요. 채소를 싫어하는 아이들도 맛있게 먹을 수 있어 편식하는 아이들에게 강추.

조리도구
프라이팬 or 코펠

요리재료
스위트콘, 양파, 피망, 당근, 모짜렐라 치즈, 소금

사전준비
밑 손질이 크게 필요치 않아요. 채소류를 미리 다져서 밀폐 용기에 가져가면 편리합니다.

요리팁
스위트콘의 물기를 꼭 제거해야 합니다. 그렇게 해야 다양한 재료를 활용할 수 있어요.

Recipe

❶ 야채를 옥수수 크기 정도로 다져주세요. 다진 야채를 살짝 볶아주세요. 이때 기름 대신 버터를 쓰면 더욱 고소해집니다.

❷ 볶은 채소 위에 물기를 뺀 스위트콘을 올려서 같이 볶아주세요. 소금으로 간을 합니다. 소금 대신 마요네즈와 설탕을 넣어도 좋아요. 마지막으로 모짜렐라 치즈를 올리면 완성!

이엔's
남녀노소 인기 최고

퐁닭치즈

럭셔리한 메뉴에 비해 재료비가 저렴하고 조리과정도 생각보다 간단해서 시간 많이 안 걸리는 요리입니다. 그에 비해 결과물은 정말 훌륭하지 않나요? 아이들 간식이나 어른들 맥주 안주로 제격입니다. 토치로 치즈를 녹이는 장면이 프로 요리사로 만들어 줍니다.

조리도구
프라이팬 or 더치오븐

요리재료
닭가슴살 4개, 베이컨 한 봉지, 양송이버섯 6~8개, 허니 머스타드, 다량의 치즈, 허브솔트(소금, 후추)

사전준비
재료 모두 마트에서 손질되어 파는 것들이라 특별히 사전에 준비해야 할 것은 없어요. 요리 시에 하면 됩니다.

요리팁
토치를 이용해 치즈를 녹일 때 너무 가까이에 대면 치즈가 타거나 굳어버립니다. 적당한 거리를 두고 토치의 불보다는 열을 이용해 주세요. 그리고 그릇은 타지 않는 것으로.

Recipe

❶ 모두 손질되어 나오는 것들이라 특별한 사전 준비가 필요 없어요. 마트에서 파는 닭가슴살은 두꺼우니 가운데를 살짝 잘라주어 반으로 만들어줍니다. 하트 모양이 나와요.

❷ 닭가슴살에 간이 적절하게 베이도록 칼집을 내어줍니다. 너무 세게 하면 닭가슴살이 잘라지니 부드럽게. 허브솔트를 앞뒤로 골고루 뿌려줍니다.

❸ 중불에 살짝 예열이 된 프라이팬에 닭가슴살을 올려 구워주세요. 식용유가 있다면 강불에, 없이 하는 분들은 약불이나 중불에 놓고 수시로 뒤집어 주세요. 닭가슴살이 구워질 동안 양송이버섯을 손질합니다. 양송이버섯은 슬라이스로 잘라주세요. 양송이버섯과 베이컨을 함께 프라이팬이 구워줍니다. 닭가슴살, 양송이버섯, 베이컨을 불에 타지 않는 그릇에 담은 뒤 그 위에 치즈를 넉넉히 올립니다. 그런 다음 토치에 불을 붙여 치즈를 녹이면 퐁닭치즈 완성!

잼이's
간단한 아침 혹은 브런치

부리또

쉽게 만들어 먹을 수 있어 좋아요. 유학 시절 일요일 아침으로 즐겨 사먹었었는데, 좀 느끼한 맛이 있어서 소시지와 볶은 감자를 빼고 만들어봤더니 담백해서 좋더군요. 매번 다른 재료를 사용할 수 있어서 취향에 따라 만들면 되니 좋아요. 한 끼 식사로 든든하기도 하고.

조리도구
프라이팬 or 철판

 요리재료
양파 1개, 피망 2개(또는 파프리카 색을 다르게 하면 더욱 예뻐요), 베이컨 8장, 또띠아 4장, 달걀 4개, 칠리 소스 8큰술, 식용유, 후추, 소금 조금씩

 사전준비
또띠아는 구입 후 바로 8~10장씩 나눠서 보관하면 한 번에 다 녹이지 않아도 됩니다. 양파와 피망은 집에서 미리 다듬어 갑니다.

 요리팁
채소와 계란 볶을 때 너무 익지 않도록 해주세요. 아삭하고 싱싱한 맛을 느낄 수 있게요.

Recipe

❶ 또띠아를 그냥 사용하게 되면 찢어질 수 있어요. 팬에 데우듯이 약불에서 양쪽면을 살짝 구워줍니다.

❷ 양파와 피망은 식용유를 살짝 두르고 같이 볶아줍니다. 이때 후추와 소금을 조금 뿌려주세요. 그다음 달걀을 볶아줍니다. 맨 마지막으로 베이컨을 굽습니다.

❸ 재료 준비가 다 되었으면 칠리 소스 2큰술을 또띠아에 발라줍니다(상황에 따라 케첩과 머스타드를 이용해도 좋아요). 또띠아 위에 베이컨 2장, 양파, 피망, 달걀 볶은 것을 차례로 올려줍니다.

❹ 김밥 말듯이 한쪽 끝을 덮어준 후 재료가 새지 않도록 양쪽 끝도 덮어줍니다. 예쁘게 말아주세요. 포일에 싸면 들고 먹기도 편하고 보관하기도 좋아요.

이엔's
토치로 완성하는

또띠아 토마토 피자

캠핑장에서까지 피자를 먹어야겠냐고 생각하시겠지만, 한 번 만들어 먹어보면 그 맛에 홀딱 반하실 거예요. 피자라고 생각되지 않는 간단 레시피로 맛보는 바삭한 피자. 아이들에게 사랑 받는 아빠가 되실 겁니다.

조리도구
프라이팬 or 스킬렛

 요리재료
또띠아, 토마토 소스, 양파, 베이컨, 파프리카

 사전준비
사전손질 필요 없어요.

 요리팁
치즈를 녹이기 위한 토치 작업이 포인트!

Recipe

❶ 각종 재료를 준비합니다. 양파는 슬라이스, 파프리카는 깍둑썰기로 썰어 살짝 볶아줍니다.

❷ 노릇노릇하게 구운 베이컨은 한 장을 3등분 정도로 잘라둡니다. 프라이팬에 또띠아 한 장을 올리고 토마토 소스를 흠뻑, 넓게 펴 발라줍니다. 또띠아가 타지 않도록 약불로 해주세요.

❸ 볶아 놓았던 토핑을 예쁘게 올려주세요. 베이컨도 그 위에 송송송. 마지막으로 모짜렐라 치즈와 슬라이스 치즈를 올려줍니다.

❹ 이 레시피에서 가장 중요한 이엔표 토치 신공! 토치를 이용하여 치즈를 녹여줍니다. 토치 불로 익히면 치즈가 타서 딱딱해지니 토치의 열을 이용해 녹여주세요. 치즈가 부드럽게 녹았으면 집게나 수저를 이용하여 그릇에 옮깁니다. 나이프를 이용하여 네 조각으로 잘라서 먹으면 됩니다.

챈서맘's
집나간 아이들 불러오는

다코야키

길거리 포장마차에서 다코야키를 살 때마다 양은 적고 가격은 너무 비싸서 망설여졌잖아요. 다코야키팬만 있으면 그 맛을 직접 만들어 낼 수 있답니다. 도전해 보세요. 캠핑장에서 굽고 있으면 이웃 캠퍼분들이 하나둘씩 모여들어요. 사람을 모으는 냄새를 풍기는 다코야키.

조리도구
다코야키팬

요리재료
우리밀 통밀 3컵, 달걀 2개, 소금 약간, 새우깡 한 줌, 파슬리 가루, 가쓰오부시 약간, 마요네즈 약간, 문어다리 3개, 다코야키 소스, 기름 약간, 물 2컵, 우유 1컵

요리팁
팬에 기름을 두르고 노릇하게 익을 때쯤 잘 뒤집어 주세요. 그리고 꼭, 약불에서 구우세요.

Recipe

❶ 새우깡을 잘게 부셔주세요. 밀가루, 소금 약간, 계란 2개, 물 2컵, 우유 1컵, 잘게 부순 새우깡을 넣고 반죽해주세요. 파슬리 가루를 넣으면 반죽 완성. 생각보다 걸쭉하지 않게 해주세요. 물처럼 주루룩 흘러야 잘 된 거예요.

❷ 다코야키팬에 기름을 두르고 반죽을 부어주세요. 반죽이 골고루 퍼지게 양쪽 손잡이를 잡고 흔들어 주었답니다. 이때 손 조심하세요. 그런 다음 준비된 문어를 넣어주세요. 문어 대신 오징어나 새우를 넣어도 맛있어요.

❸ 앞뒤로 노릇하게 잘 구워주세요. 잘 익을수록 잘 굴려진답니다. 다코야키를 찔렀을 때 반죽이 묻어나지 않으면 완성입니다. 그릇에 담아 스테이크 소스와 마요네즈를 뿌려주세요. 그리고 가쓰오부시와 파슬리 가루를 뿌려주면 완성이에요.

탱구리댕댕's
캠핑장 꼬마들 다 집합!!

버터 와플

둘째딸 임신했을 때 맛있는 와플이 먹고 싶어 직접 만들어 먹으면서 만든 레시피에요. 그 당시만 해도 집 근처에 와플 가게가 없었거든요. 캠핑장에 오는 손님들 대접하기도 좋고, 아이들 간식으로도 인기 만점인 와플. 저렴한 와플팬 하나 사서 도전해보세요.

조리도구
와플팬

요리재료
버터 1컵(종이컵 기준), 우리밀 2컵, 계란 1개, 우유 반 컵, 설탕 반 컵, 베이킹 파우더 1작은술, 소금 약간

사전준비
인터넷에서 저렴한 와플기 미리 준비하세요. 한 달이면 본전 뽑고도 남습니다.

요리팁
우유나 물이 많이 들어가면 흐물흐물한 와플이 됩니다. 버터를 녹여서 넣으면 바삭한 와플을 만들 수 있어요.

Recipe

❶ 버터와 설탕을 넣고 약한 불에 녹여주세요. 나머지 재료를 넣고 반죽을 섞어주세요. 아이들에게 시키면 놀이삼아 좋아해요. 농도는 조금 질어도 상관없어요. 반죽이 질면 부드러운 와플이 되고 반죽이 되면 바삭한 와플이 되거든요. 반죽하는 동안 와플기를 예열해주세요.

❷ 약불에 예열한 와플기에 반죽을 올려주세요. 버터가 많이 들어가서 와플기에 기름칠 할 필요가 없어요. 앞뒤로 약불에서 익혀주세요 눈에 보이질 않으니 타도 알 수가 없어요. 자주 뒤집어 주며 익혀줘야 합니다.

❸ 와플 굽는 냄새가 캠핑장 아이들을 불러 모아요. 방울토마토, 우유와 함께 담으면 훌륭한 영양 간식이 됩니다. 재료 중에 한두 가지 빠져도 맛있는 와플이 됩니다. 왜? 캠핑장이니까요.

소피's
여름 캠핑장 최고의 간식
옥수수구이

여름 캠핑장 최고 간식이죠. 그냥 소금, 설탕 넣고 삶아 먹기만 해도 맛있는데 버터를 입혀 구우면 더 고소해지니, 아이들이 정말 좋아하더라고요. 나무젓가락 꽂아 돌려가며 먹는 옥수수 구이. 아이들이 굽는 데 재미 붙였어요.

 조리도구
화로대 or 그릴

 요리재료
옥수수 2~3개, 버터 약간, 소금, 설탕 약간

 사전준비
옥수수는 껍질이 있는 것으로 사시면 껍질 버리지 마세요.

Recipe

❶ 옥수수 껍질 1~2장은 그대로 두고 물을 부어주세요. 소금과 설탕 1큰술씩을 넣어 줍니다. 뚜껑을 덮고 옥수수가 익을 때까지 15분쯤 삶아주세요. 옥수수를 삶을 때 안쪽 껍질 1~2장은 벗기지 마세요. 익은 옥수수는 껍질을 벗기고 적당한 크기로 잘라 버터를 돌려가며 골고루 발라줍니다.

❷ 옥수수가 뜨거우니 젓가락이나 스큐어를 꽂아주시면 더 좋겠죠? 젓가락을 끼워 불에 구워줍니다. 돌려가며 골고루요. 노릇노릇 익으면 드세요. 버터 향이 고소해요.

소피's
고소하고 짭조름한
가래떡구이

가래떡을 휴대용 토스터에 올려 살짝 구워 먹어도 맛있는데, 이번엔 가래떡에 살짝 간단한 양념을 해서 구웠어요. 꿀이 없어도 간간하니 맛나는 가래떡 구이. 완전 사랑해요. 단연, 비법은 별 것 아닌 간단한 양념에 있답니다.

 조리도구
휴대용 토스터 or 화로대

 요리재료
가래떡(30cm 길이) 3줄, 올리브 오일 약간, 소금 약간, 산적꼬치

 사전준비
말랑한 가래떡이 꼬치에 꽂기 좋아요. 얼었거나 굳은 가래떡은 끓는 물에 살짝 데쳐 쓰면 편하고, 잘 익어요.

Recipe

❶ 가래떡을 꼬치에 꽂을 수 있도록 적당한 크기로 썹니다(저는 아이들이 먹기 편하게 1cm 두께로 동글동글 썰어도 보았어요.). 썰어 놓은 가래떡을 꼬치에 꽂습니다.

❷ 원버너에 오덕을 올리고 그 위에 휴대용 토스터를 놓았어요. 꼬치에 꽂은 가래떡을 휴대용 토스터에 올려줍니다. 떡이 말랑말랑해지도록 살짝 돌려주세요.

❸ 떡이 말랑말랑해지면 올리브 오일에 소금 넣은 양념장을 떡에 발라 노릇노릇 색깔이 나도록 구워줍니다. 뒤집어서도 발라주세요. 완성입니다.

소피's
돌돌 말아 구워먹는 재미

베이컨 떡말이

캠핑장에서 자주 해 먹는 간식이에요. 집에서도 자주 애용하죠. 무엇보다 하나씩 쏙쏙 빼먹는 재미가 참 좋아요. 캠핑장에서 아이들과 함께 돌돌 말아 구워먹는 재미, 느껴보세요.

 조리도구
스킬렛 or 프라이팬

 요리재료
베이컨 1봉지, 떡볶이떡 한 줌, 식용유 적당량, 꼬치 몇 개

 사전준비
떡이 굳었을 경우 물을 끓여 한 번 데쳐주세요. 말랑말랑해야 꼬치에 잘 꽂혀요.

Recipe

❶ 베이컨과 떡을 반으로 잘라주세요. 떡을 베이컨으로 돌돌 말아줍니다. 베이컨으로 만 떡을 꼬치에 끼워요.

❷ 스킬렛을 달궈 식용유를 약간 발라줍니다. 꼬치에 끼운 떡을 올려 굽습니다. 노릇노릇 앞뒤로 잘 구워주세요. 다 구워졌네요. 아이들 취향에 따라 케첩이나 마요네즈 발라 먹어도 맛있어요. 매콤한 걸 원하시면 고추장 소스 살짝 발라 먹어도 맛있답니다. 치즈도 오케이죠.

산불's
출근길 계란 토스트를 그대로

토스트

캠핑장에 노는 아이들은 시도 때도 없이 배가 고프죠. 그때 후다닥 해주는 간식으로 토스트만한 게 없습니다. 그리들을 이용하면 계란 토스트가 뚝딱!입니다.

 조리도구
그리들 or 철판

 요리재료
토스트용 식빵 한 봉지, 양파 1개, 당근 약간, 계란 4개, 햄 4장, 치즈 4장, 상추 약간, 소금, 후추, 버터(올리브 오일), 설탕

사전준비
양파와 당근은 손질해 갑니다. 다른 재료는 가져가기만 하면 사전준비 끝!

Recipe

❶ 그리들이 달궈지는 동안 계란에 다진 양파와 당근, 소금과 후추 약간 넣고 잘 풀어줍니다. 그리들을 뜨겁게 달군 후 버터를 발라줍니다. 버터가 없으면 올리브 오일로 대신해도 됩니다.

❷ 달구어진 그리들에 버터를 녹입니다. 버터가 없으면 올리브 오일을 이용해도 됩니다. 계란 지단은 토스트 한 개 크기로 부쳐주는 게 좋습니다. 생각보다 빨리 익어 금방금방 부쳐낼 수 있습니다. 계란 지단 준비가 끝나면 빵을 굽습니다. 겉이 바삭하고 노릇노릇하게 뒤집어 가며 익혀주세요. 토스트에 상추, 계란 지단, 햄, 치즈를 올린 후 설탕을 뿌리면 완성!

마이
캠핑 레시피

개정 2판 1쇄 2024년 1월 25일

지은이 캠핑퍼스트
발행인 김산환
책임편집 윤소영
디자인 기조숙
펴낸 곳 꿈의지도
인쇄 다라니
출력 태산아이
종이 월드페이퍼

주소 경기도 파주시 경의로 1100, 604호
전화 070-7535-9416
팩스 031-947-1530
홈페이지 www.dreammap.co.kr
출판등록 2009년 10월 12일 제82호

ISBN 979-11-6762-088-0-13980

지은이와 꿈의지도 허락 없이는 어떠한 형태로도 이 책의 전부, 또는 일부를 이용할 수 없습니다.
※ 잘못된 책은 구입한 곳에서 바꿀 수 있습니다.